한국의 수필 대표작선집

내 생애 최고의 날

한국의 수필 대표작선집

내 생애 최고의 날

강인철 수필선집

1판 1쇄 인쇄/ 2022년 4월 20일
1판 1쇄 발행/ 2022년 4월 25일

지은이 / 강 인 철
펴낸이 / 우 희 정
펴낸곳 / 도서출판 소소리

등록 / 제300-2007-21호
주소 / 03073 서울 종로구 성균관로 5길 39-16
전화 / 765-5663, 010-4265-5663
e-mail: sosori39@hanmail.net
www. sosori.net

*잘못된 책은 바꿔드립니다. 값 9,000원

ISBN 979-11-5891-168-3 04810
ISBN 978-89-959287-6-9 (세트)

한국의 수필 대표작선집

내 생애 최고의 날

강인철 수필선집

■

한국의 수필 대표작선집을 내면서

우리 문학에서 수필은 장르 특성상 전문성 의혹과 함께 '변두리문학'으로 여겨지던 때가 있었습니다. 그럼에도 불구하고 치열한 작가정신으로 길을 닦아준 선배들로 인해 수필은 불변의 장르로 우뚝 섰습니다. 이제 시대적 변화와 더불어 전성기를 맞이했다고 봅니다.

오늘날의 우리 수필문학을 있게 한 선구적인 선배들을 기리고 그 뒤를 잇는 중진들의 작품 가운데서 대표작을 모아 문학사적인 정립을 시도한다면 그 또한 수필의 중흥에 한몫을 하는 것이라 믿습니다.

「한국의 수필 대표작선집」을 기획 편찬하는 까닭도 여기에 있습니다.

- 편찬위원회

차 례 ◁

1. 봄, 여름

2. 가을, 겨울

1.

봄, 여름

일출

일출(日出)산행은 등산의 꽃이다. 1월 1일 새해맞이산행이면 더욱 그렇다. 배낭 꾸리는 일이 성가시기보다 외려 즐겁기만 했던 젊은 날의 지리산 천왕봉이나 동해바다 일출을 생각하면 지금도 가슴이 뛴다.

그랬던 시절이 흐르고 언제부턴가 한강이 내려다보이는 아차산에서 해맞이를 하고 있다. 내려오며 워커힐모닝커피 한 잔에 소소한 정담을 나눌 땐 더없이 행복하다. 그런데 그런 일상마저도 과분한 복(福)이었을까? 벌써 두 해째 집안에서 TV화면으로 새해를 맞는다. 코로나19 팬데믹이라는 엄혹한 현실에 도리 없이 순응할 따름이지만 많이 섭섭하다.

그런 저런 상념들로 마음이 헛헛하면 옛 추억들이 그리

움으로 다가오는 것일까? 굳이 신년해맞이는 아니었어도 학창 시절 일본 연수 중 기를 쓰고 올랐던 후지산(山) 해맞이는 지금도 기억이 새롭다. 게다가 시베리아 상공(空)을 날던 기내에서 창(窓)밖을 붉게 물들이던 장엄한 일출을 보며 부끄럽지만 그제야 지구가 둥글다는 걸 실감도 했다.

그리고 수년 전 히말라야의 '안나푸르나'에 꽂혀 네팔을 부지런히 들락거릴 때 고소병(病)으로 골(머리)이 아프기로 소문난 '고라파니' 등정의 '푼힐' 전망대 해돋이는 젊음, 용기, 희망과 함께 분수, 절제, 행복을 두런거리게 했던 추억의 명소다.

달갑지 않은 손님(Omicron)이 물러가고 나면 서둘러 한 번 더 다녀오고 싶은 그곳 히말라야의 고라파니와 푼힐! 지금도 그 모습 그대로일까? 너무 빨리 변하는 요즘 세태에 그사이 몰라보게 바뀌진 않았을까 궁금하다. 초라했지만 따뜻했던 롯지와 "안용?" "김치따봉!" "미스타루 캉(姜)" 정도의 어눌한 한국말이 그래도 정겨웠던 털보아저씨도 잘 있겠지 설마?

유난히 더웠던 그해 여름, 카트만두는 히말라야를 찾은 지구촌젊은이들로 몹시 붐볐다. 며칠째 뚜벅뚜벅 천천히 걸으며 물 자주 마시고 심호흡 잘했더니 '고라파니'에 올라서도 크게 골이 아프지 않아 산(山)님께 '옴 마니 반 메훔' 두 손을 모았다. 다음날 새벽 4시 반 기상, 헤드 랜턴에 수(水)통 차고, 네팔관광청 입장료 100루피 지불, 줄줄이 계단을 밟아 40여 분 후 푼힐전망대에 올랐다. 얼굴색이 다른 어제의 길동무들이 반갑다며 "하이~!" "나마스떼~!" 반겨준다.

고산의 괴괴한 밤공기가 너무 차가운 탓이었을까 무수한 별들이 얼음 부스러기처럼 어깨 위로 마구 쏟아진다. 그때 "앗~!" 누군가의 외마디 소리에 약속이나 한 듯 헤드 랜턴이 모두 꺼졌다.

새벽 공기가 이리저리 출렁이더니 멀리서 노랗고 빨간 점 하나가 혜성처럼 반짝이기 시작한다. 향초 심지에 불을 당긴 듯 깜박깜박 타오르는 것 같은 모습이다. 적막강산에 웬(?) 불빛일까.

1분 2분 그리고 조금 지나 드러난 실체는 대지의 심지를 태우는 불꽃인 양 어둠 속에서 햇살을 먼저 받아 빛나고 있는 만년설 정상(Summit)이었다. 태양이 조금 더 솟았는지 제2, 제3의 봉우리들로 번지며 서로 호형호제라도 하듯 황금빛 찬란한 불꽃 잔치를 벌인다. 숨이 막힐 듯

장엄한 순간 모두들 쥐 죽은 듯 침묵할 뿐이다.

해님은 그렇게 산꼭대기 만년 설봉에 매일 새벽 불을 지펴 잠든 삼라만상을 깨우는가 보다. 그 불꽃이 온 누리에 생기를 불어 넣어서였을까? 얼얼했던 두 뺨이 조금씩 풀리며 태양을 머금은 단전(丹田)에 힘이 불끈 솟는다.

사위가 밝아지자 아스라했던 거봉(巨峯)들이 서서히 자태를 드러낸다. 안나푸르나 남봉(7,219m)과 마차푸차레(6,997m)가 손에 닿을 듯하고 다울라기리(8,167m)도 저만치서 우뚝하다. 자연의 조화일까? 사가르마타의 신비일까? 하얀 어머니 산 히말라야의 영험(靈驗)한 기운을 가슴 깊이 품어 본다.

땀 흘리며 중력을 거슬러 올라 하루를 여는 태양을 맞이하는 것만큼 삶을 향해 불타는 의지를 담는 일이 또 있을까? 하지만 꼭 히말라야가 아니어도 우리가 오른 모든 곳은 죄다 자신의 마음 산(山)정상이 아니던가? 언제 어디서 누구든….

연하장

같은 하루라도 새해 첫날은 다르다. 예전에도 그러했었나 보다. 밤이 제일 긴 동짓날을 택해 팥죽 쑤어 작은설을 쇠고 입춘절에도 새해 타령이다가 드디어 구정이 되면 떡국 잔치로 묵은해를 보내며 큰 설을 기렸다. 그것도 모자라서일까, 요즘은 신정까지 더하여 네 번의 설 기분을 내고서야 새해맞이가 겨우 끝이 난다.

젊은이들의 연말연시 풍경은 대개가 12월말까지인 반면 어른들의 송구영신은 좀 더 길다. 올해도 어김없이 신정은 물론 구정에 이르기까지 무시로 연하장이 날아들었다. 우편물 가운데에는 세계 각국에서 배달된 각양각색의 신년 덕담 카드들이 다양도 하다. 외국에서 오는 카드에 비하면 우리나라 것이 크고 호화로운 편이다.

멀리 지구 반대편에서 한 달이 넘도록 달려온 눈의 나라 산타클로스 소식이 있는가 하면 적도에서 보내온 한여름의 야자수 밑 비키니 차림 카드도 있어 너무나 대조적인 게 웃음을 자아내게 한다. 지구촌 길동무들과 지난날의 갖가지 여행담을 되새겨 보는 재미로 1월 한 달은 겨를 없이 후딱 지나간다.

그런 가운데 해마다 갖는 우리 집만의 연하장콘테스트에서 금년도 장원은 밴쿠버 손주의 손 그림 카드이고 차상은 은퇴 후 사진에 푹 빠져 세월 가는 줄 모르고 산다는 친구가 제 사진작품을 얹어 만든 연하장이다. 직장 다닐 땐 그렇게도 무심하던 친구였는데 나이 탓인지 새로운 취미덕분인지 사진설명에 배경과 생태문화해설까지 덧붙이고 있어 볼수록 놀랍기만 하다.

철원으로 출사(寫) 나가 사흘 만에 한 컷 건졌다고 무용담까지 곁들인 친구의 연하장사진 주인공은 두루미였다. 키가 시원스레 훤칠한 두루미의 몸통은 백설처럼 새하얀데 정수리는 붉고 긴 목과 꼬리, 다리는 까맣다. 눈밭에서 날개를 활짝 펼치고 제짝과 사랑 춤을 추고 있는 환상적인 애정의 순간을 어찌 사진 한 컷으로 잡아냈는지 볼수록 기가 막혀 사진예술이란 말을 실감케 한다. 친구의 땀과 열정까지 함께 전해지면서 마치 국전 대작을 보는 듯 기뻤다.

일반 상식의 두루미는 시베리아와 몽골지역에서 살다가 우리나라와 일본 등지를 오가는 철새로 지금은 전세계에 3천여 마리 밖에 남지 않아 천연기념물로 지정된 멸종위기종이라는 것 정도다. 철원평야 빈들에서 긴 다리로 겅중겅중 걸으며 논바닥에 떨어진 볍씨를 찾기도 하고 비무장지대 물웅덩이에서 미꾸라지를 잡아먹기도 했었다. 그런데 이상하게도 그 두루미들은 짚이나 풀잎을 모아 땅 위에 둥지를 만들어 살고 있었다. 그렇다면 나무 위에서 노닐던 하얀 새들은 두루미가 아니었단 말인가?

너무 궁금하여 답례 겸 친구에게 전화를 걸었더니 오히려 고맙다며 헷갈리지 말라는 당부와 함께 자세히 일러준다. 언뜻 보기에 비슷하지만 온몸이 새하얀 백로는 모내기 철 논에 날아드는 여름 철새이고 겉모양은 닮았으나 나뭇가지에 얼기설기 둥지를 틀고 주로 나무 위에서 사는 건 황새라고 한다. 철원의 빈들로 날아드는 겨울 철새는 두루미로서 재두루미와 흑두루미도 있다고 알려주며 그간의 무지를 일깨워 주었다. 그러니까 두루미와 백로와 황새는 보기엔 비슷하여도 서로 다른 새(鳥)였던 것이다.

따라서 두루미는 예부터 장수와 행복 그리고 부부애를 상징함으로서 십장생의 하나로 꼽았으며 신선이 타고 다니는 새라 하여 선학(仙鶴)이라 부르기도 했다 한다. 조선시대 궁중에서는 어전에 드는 문무대신의 관복에 두 마리 학을 새긴 쌍학흉배를 허리에 두르도록 하였으니 가히 그 기상을 짐작하고도 남을 만한 대목이 아니겠느냐는 이야기다.

그런 두루미가 지금 우리가 쓰고 있는 현행 화폐 500원짜리 동전에도 두 날개를 활짝 편 채 떡 하니 올라 있으니 오늘날에도 그 상징적 품격엔 변함이 없는 거라고 자랑하며 자부와 긍지가 여간 대단하지 않다. 그런 사연과 함께 손수 만들어 보내준 친구의 두루미사진 연하장! 예부터 주는 자에게 복이 있다 하였으니 열 배 백배 더 큰 홍복(洪福)을 누리게나, 그대 친구여!

말, 말, 말

우리 집은 사돈댁이 여럿이다. 그중 전주(全州)사돈을 뵙는 날은 말씀을 알아듣는데 신경을 조금 더 써야 한다. 오랜만의 만남에 "그간 별고 없으셨는지요?" 하고 인사를 건네면 사돈께서 "아, 예 그럼요, 사부인께서도 거시기 허시지요?" 하며 반가이 손을 잡으신다. 이제는 많이 편해졌고 '거시기'도 웬만큼 알아듣게 돼 다행이지만 오래전 아이들 혼사 치를 땐 말씀에 신경이 곤두서곤 했다.

그 사돈께서 첫 손자를 보러 상경하셨을 때, "허~그 놈, 실팍한 게 참 거시기 허구먼." 하시는 게 아닌가. 점심을 드시고는 "그럼 이만 거시기 혀야 쓰 것 구먼요." 하며 서둘러 발걸음을 재촉하셨다. 그때만 해도 순간순간의 해석이 잘 되지 않아 어르신이 떠나고 난 다음 어미에게 부탁해 말씀의 진의를 다시 전해 듣곤 했다.

아무리 생각해 봐도 대충 얼버무려 놓은 말인 것 같은데 전주 분들은 오해나 거리낌 없이 모두들 잘 알아듣고 불편 없이 지내신다니 과연 '거시기'의 위력은 어디까지일까.

말이란 생각할수록 묘하고 묘한 것이어서 하지 않은 말까지 다 알아들을 수 있는가 하면 여러 말을 길게 늘어놓아도 알아듣기 어려운 말도 있다. '거시기'란 말을 모르는 사람은 없을 것이다. 그러나 일반적으로 그 의미심장함을 다 아는 사람 또한 많지 않을 것 같다. 조금 모호한 말인 것 같기는 해도 마음에서 마음으로 통하는 '거시기'야말로 위대한 우리 '말'임에는 틀림이 없다.

요즘은 스마트폰이나 SNS 등이 보편화되면서 문자 메시지가 판을 치고 있어 오순도순 대화하는 모습을 보기보다는 가히 손가락 문자 시대에 푹 빠져 사는 듯하다. 비록 어쩔 수 없는 시대의 흐름이라 하더라도 한문의 뜻이 잘못 전달되는 것은 물론 우리말조차 순간의 편리와 자기감정대로 자판을 마구 눌러대기 일쑤라 걱정스럽다. 그로 인해 변질되고 망가지는 언어에 대한 난맥상은 어쩌란 말인지 우리를 당혹스럽게 하고 있다.

졸업을 축하한다며 학생은 물론 학부모까지 '추카추카'

라는 신종 문자가 홍수를 이루더니 "공부 좀 시험시험 해라."라는 말이 유행했을 땐 공부를 쉬엄쉬엄 하라는 건지 시험공부 좀 제대로 하라는 역설인지 도무지 아리송해 잠시 바보가 된 적도 있었다. 현실이 이러한데도 무심한 채 모르쇠 한다면 우리 모두가 공범일 수밖에 없다. 이제 더 이상 우리 '말'의 품위가 손상되지 않기를 바라는 마음 간절하다.

학창 시절 부산 친구네 집에 놀러 갔다가 그 엄마한테서 들은 '말'인데 아직도 또렷이 기억되는 한 대목이 있다. 이야기의 배경은 6·25동란 중 1·4후퇴 직후라고 했다. 부산으로 피란 온 함경도 아줌마가 자갈치시장에 들렀다가 이상하게 생긴 생선을 보고 궁금한 나머지 '이 물고기가 무슨 물고기냐?'고 물어본다는 게 함경도 어투로 "이 고기가 무시기?"라고 했더니, 눈이 둥그레진 부산 아지매가 함경도 사투리 '무시기'란 말을 알아듣지 못하고 '무시기가 무슨 뜻이냐?'는 의미로 "무시기가 머꼬?"라며 되물었다고 한다. 함경도 아줌마 또한 '머꼬'를 알아들을 리 만무하여 한참을 머뭇거리다가 "머꼬가 무시기?"라 했고, 고개가 갸우뚱해진 부산 아지매 역시 답답한 표정으로 "무시기가 머꼬?" 하여 두 아주머니 사이에 "머꼬가 무시기?"와 "무시기가 머꼬?"의 끝없는 대화가 지금까지도 반복되고 있다는 우스갯소리였다.

꽤나 오래전 일이건만 친구 엄마가 생각나면 '머꼬와 무시기'의 일화가 먼저 떠오른다. 그런데 만약의 가정이지만 2018평창 동계올림픽을 계기로 봄날처럼 물고가 트인 '남북대화'나 '북미협상' 등에서조차 팔천만 우리 겨레의 간절한 염원인 한반도민주평화통일엔 거리가 먼 채 자기 입장에서 각자의 이해와 주장에만 눈이 어두운 나머지 자갈치시장의 우스갯소리처럼 '핑퐁대화'로 흐른다면 이는 말로써 말만 무성한 꼴(?)이 되어 말잔치쯤에서 끝날 게 빤하므로 언감생심 천부당만부당 아니 될 말, 말, 말이다.

다시 산을 오르며

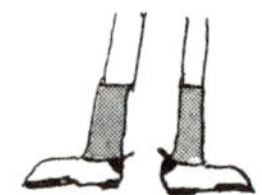

아주 오래전, 서울로 진학하고 난생처음 찾아가본 서울(동대문)운동장은 세상에서 제일 넓은 마당이었고 백운대는 태산보다 높은 봉우리였다. 그 후 대학 산악부와 직장 산악회를 거쳐 UIAA한국산악회(CAC)대원으로 에베레스트 등정 '절반의 성공'에 이르기까지 딴에 산꾼을 자처하며 많은 시간 산을 닮아보려 무던히 애쓴 날들이 어언 반백 년이다.

세월 탓일까? 이제는 원정등반대신 서울지하철을 이용해 북한산과 청계산을 열심히 찾는다. 거기 가서 초보 때의 산행을 회상하며 나무랑 돌멩이와 새들과 어울려 등산의 묘미를 다시 반추해 보려고 애를 쓴다. 그래설까 모든 게 새롭기만 하다.

등산이란 이름의 산행은 아마도 서양에서부터 시작된 게 아닌가 싶다. 유럽의 알프스주변은 만년설이 있는 곳도 수두룩하여 그곳에서의 산은 인간이 넘어야 할 숙명의 대상이었다. 그들에게 산이란 생존하기 위한 목표물이었으므로 목숨까지 걸었던 도전적 등산(登山)은 생활의 방편이었을지 모른다.

그에 비하면 한반도 금수강산은 만년설이 없는 그리 높지 않은 산들이 4계절을 뚜렷하게 나타내고 있어 언제나 아름다운 모습으로 조상님들의 주거문화와 함께 이웃해 왔다. 따라서 정복을 해야 할 필요도 없었을 뿐 아니라 주로 풍광을 즐기기 위해 산에 올랐으므로 선대 어르신들의 산행이란 호연지기를 다지는 유산(遊山)의 개념이 다분했을 것이다.

그런데 웬일일까. 요즘은 주말이나 휴일과도 상관없이 산을 찾는 인구가 급증하고 있다. 자연을 닮고 싶어 산에 오르고 초목이 그리워 숲을 찾아 나선 사람이 많아진 게 얼마나 반가운 일일까마는, 그중 정치인들의 개인 욕심을 위한 수단과 방법으로 동원된 '○○산악회'라든가 먹자판이나 묻지마 판까지 수많은 사람들로 산천이 몸살을 앓고 있는 현상은 '아무래도 이건 아닌데…?' 싶어 안타까움이 크다.

누구나 산에 오르는 건 자유다. 하지만 산사랑 인간존중의 기본을 망각한 채, 주인(山)에게 누가되고 폐를 끼친다면 이는 분명 산에 대한 무례가 아닐 수 없다. 더 나아가 건장한 젊은이를 앞세워 '당일 한라산 완등'이니 '무박 2일 지리산 종주'라는 식의 도전적인 문구로 사람을 끌어들여 무리수로 인한 인명피해까지 자행되고 있음은 유감천만이다.

안내자를 따라간 회원들이 선두를 놓치지 않으려고 자기페이스를 오버하며 무리하게 앞 사람을 좇을 수밖에 없는 모습은 안쓰럽다 못해 딱하기까지 하다. 그런데도 어디 어디를 정복했노라고 으스대며 손가락을 꼽기 일쑤다. 산행은 결코 자랑거리 무용담을 만들기 위한 시합장이 아닌데 말이다.

산야초를 쓰다듬고 산 사랑을 되뇌며 영마루에서 만난 바람은 어디서 왔다가 어디로 가는지, 또 해그림자는 어떻게 떨어지는가를 생각할 겨를조차 없이 '빨리빨리'를 외치며 앞사람의 뒤만 따르기에 바빴다면 그것을 어찌 산행이라 할 수 있을까?

산에는 출세도 돈도 없다. 그곳에 산이 있기에(Because

it is there) 오를 뿐이다. 프로는 산에 오르기 위해 건강을 챙기지만 아마추어는 그 반대다. 세상의 모든 사물은 아는 만큼만 보이기 때문에 사전지식을 갖고 가야 자연과 하나 되는 충만함도 얻을 수 있다.

산행은 지형지세와 길을 아는 것 말고도 복장, 안전수칙, 산행예절 등 꼭 챙겨야 할 점들이 많다. 도봉산을 오르면서 히말라얀 스타일은 코미디다. 스텝은 경사에 따라 보폭이 짧은 걸음부터 시작해야 소모되는 에너지를 줄일 수 있고, 배낭은 어깨로 메는 것이지 엉덩이에 매달고 다니면 체형에도 해롭고 훨씬 더 힘들다. 요기 거리는 고열량으로 간편한 행동식이면 족하지 진수성찬에 두주불사가 자랑일 순 없다.

불과 300여 년을 이어온 알피니즘 역시 피크헌팅(정상 정복)에서 과정과 수단을 중시하는 '등로주의'로 변한 지 오래다. 정상은 하나지만 그에 이르는 길은 여럿이라는 철학적 접근에 귀 기울여볼 때다. 산 밑에서 정상을 바라보면 하늘이 거기 있는 줄 안다. 그래서 기를 쓰고 땀 흘려 정상에 오르건만 손에 잡혀야 할 하늘은 훨씬 더 높은 곳에서 내려다보고 있지 않았던가? 산서(山書)를 읽어야 할 이유다.

이제, 다시 산을 오르며 속 깊은 기쁨을 어찌 얻을까 곰곰이 생각해 본다. 발걸음 따라 산이 높아지면 마음은 외려 낮아지는 법! 느림이 아름다운, 그래서 여유가 진정한 멋인 줄 아는 '산꾼'으로 남고 싶다. 산은 우리에게 결코 내기(?)를 걸어온 적이 없다.

교토 하나미

참 이상한 일이다. 예전에는 미처 몰랐는데 이삼 년 전부터 봄이 오면 싱숭생숭 기분이 들뜨곤 한다. 아내와 함께라면 어떤 나들이라도 좋을 성싶어 의중을 떠보지만 마음은 동감(同感)이라면서도 차멀미, 뱃멀미를 앞세워 선뜻 나서지 않는다. 그럴 때는 조금 섭섭하다.

작년부터 열심히 설득한 끝에 지난달 하순 아내와 교토(京都)에 다녀왔다. 속내로는 후지산(富士山)을 오르고 싶었지만 그건 아내에게 무리일 것 같아 말도 꺼내지 못했다. 전부터 꼭 한 번 둘이서만 일본 여행을 하고 싶었다. 신혼 초 학업 때문에 현해탄을 사이에 두고 2년여나 생이별을 했던 게 늘 아내에 대한 미안쩍음으로 남아 있기 때문이다.

예나 다름없이 교토의 봄은 핑크 일색이다. 눈(目)길이 닿는 어디에나 흐드러지게 피어있는 벚꽃. 분홍과 하얀 꽃잎들이 눈(雪)처럼 쏟아지는 산책로만으로도 그곳은 딱히 일본이었다. '하나미(花見: 꽃놀이)'를 즐기려는 이 사람들 특유의 문화를 아내는 두 눈으로 직접 확인하며 기뻐했다. 봄을 제대로 보여 주고 있다는 생각에 나도 기분이 좋았다.

이들은 계절마다 꽃 축제를 참 많이도 연다. 그중 봄에 피는 벚꽃이 단연 으뜸이다.

교토는 꽃만이 핑크가 아니다. 재래시장에서 백화점과 길거리에 이르기까지 온통 벚꽃상품 일색이다. 떡, 과자, 도시락, 장난감, 기념품 등 어디에도 벚꽃이 수놓아져 있다. 생활 속에 전통이 잘 보존되고 있다는 것은 그 자체만으로도 훌륭한 문화유산이 아닐 수 없다.

아침밥이 시원찮은 탓이었을까. 봄기운에 때 이른 시장기마저 들어 가게에 들렀다. 먹고 싶은 것을 무엇이든 다 골라 보라는데도 아내는 쉽게 도시락을 집어 들지 못한다. 예상대로 그곳에는 손대기가 미안할 만큼 얄밉도록 예쁜 꽃놀이 도시락이 가득했다. 도시락과 삿포로 맥주에 음료수도 샀다.

연못가 빈 돌 벤치에 도시락을 펼쳤다. 옆자리에 있던 일본인 중년 부부가 동시에 "오- 벤또~!"를 외치고는 우리를 번갈아 쳐다보더니 "오이시~나~(맛있겠어요)" 하며 호들갑을 떤다. 고맙다고 정중히 답례는 했지만 어디까지를 새겨들어야 할지 이들의 언어와 표정을 나는 지금도 다 알지 못한다. 아내의 어리둥절한 표정 위로 예쁜 꽃비가 내려앉는다.

학창 시절의 추억을 되살려 보고 싶은 곳으로 향했다. 물가의 가로수가 그림처럼 어우러진 청수사(寺)쪽 개울가다. 사람들 틈에서 계면쩍어 하는 아내의 손을 꼭 잡고 천천히 걷고 또 걸었다. 이게 얼마 만이냐며 아내가 실눈으로 흘겨본다. 서울의 여의도 벚꽃 축제를 생각하면 이상하리만큼 조용하다.

고풍스러운 전통 가옥이 어우러지면서 고즈넉한 멋이 그대로 잠자고 있는 길을 이들은 '철학의 길'이라 부른다. 많은 석학들이 사색에 잠겼을 벚꽃터널을 지나니 땅에 닿을 듯 늘어진 버들벚꽃잎이 실바람에 눈송이처럼 흩날린다. 마치 영화의 한 장면 같다면서 아내가 탄성을 지를 때는 나도 덩달아 행복했다.

그 많은 꽃들이 한순간에 지는 모습에서 일본인들의 근

성(根性)을 엿본다고 자못 근사한 표정으로 한마디 했더니, 아내는 뜻밖에도 영원히 곱기만 할 줄 알았던 젊음이 단걸음에 왔다가 도둑처럼 달아난 걸 생각하니 꼭 벚꽃을 닮은 것 같다며 쓴웃음을 짓는다. 입이 열이라도 할 말이 없는 죄인의 심정이 이런 것일까?

인생에서 만약이라는 가정은 있을 수 없지만, 학창 시절에 오늘처럼 손잡고 이야기를 나누며 한 번만이라도 걸어 보았더라면 이런 빚진 마음을 짊어지고 긴긴 세월을 살아오지는 않았을 것을….

언감생심이었던 젊은 날의 그때를 돌이켜 본들 무슨 소용이 있으랴마는 이 순간 이렇게나마 꽃비를 맞으며 손잡고 걸어 보다니 얼마나 다행스러운 일인지 꿈만 같다. 하지만 그것은 어디까지나 나 자신의 속내일 뿐, 며칠간의 짧은 교토 여정(旅程)으로 지난날의 미안함을 감히 보상(補償)할 수 없음이 못내 아쉽고 안타까울 뿐이다. 오늘따라 새삼스레 아내의 주름진 눈자위가 자꾸만 눈에 밟힌다.

맑고 향기롭게

오늘은 '무소유'를 몸소 실천하며 일생을 구도자로 살다 가신 법정스님 기일이다. 관(棺)은 물론 수의조차 마련하지 말도록 유언을 하여 생전에 입던 승복차림 그대로 연화대에 오른 스님은 한 줌의 재가 되어 홀연히 이승을 떠나셨다.

스님이 생전에 말과 행동으로 보여준 가르침은 종교를 떠나 많은 사람들에게 감동을 주었다. 남긴 말과 귀한 글이 어디 한둘일까만 그중에서도 가장 아끼고 싶은 대목은 무소유로 상징되는 맑은 가난 즉 청빈(淸貧)에 관한 게 아닌가 싶다. 무소유란 아무것도 소유하지 말라는 게 아니라 불필요한 것을 지나치게 갖지 않는 것이라고 했다.

그분은 생전에 명동성당에도 스스럼없이 들렀고 따라서

고(故) 김수환 추기경님도 길상사에 여러 차례 발걸음을 하셨다. 진심 어린 맑고 향기로운 행보요, 실천이 아닐 수 없다. 강원도 오두막에 계시며 추기경님의 선종소식을 뒤늦게 접하고 육필로 꾹꾹 눌러쓴 추모의 글엔 이런 구절도 있었다.

(전략)… 하느님을 말하는 이가 있는가 하면 하느님을 느끼게 하는 이도 있다. 하느님에 대해 말 한마디도 하지 않지만 그 존재로써 우리가 하느님과 함께 있음을 영혼으로 감지하게 하는 이가 있다. 우리는 지금 그러한 이를 잃은 슬픔에 젖어 있다. 그 빈자리가 너무나 크다. 그 분이 그토록 사랑한 이 나라, 이 아름다운 터전에 아직도 개인 간, 종교 간, 집단 간에 미움과 다툼이 끊이지 않고 있다. 성인이 이 땅에 머물다가 떠났는데도 아직 하느님의 나라는 먼 것인가?

(중략)… 우리가 그분의 평안을 빌기 전에 그분이 우리의 영적 평안을 먼저 기원하고 있을 것이다. 그 분은 지금 이 순간도 봄이 오는 대지의 숨결을 빌어 우리에게 귓속말로 말하고 있다. "살아있는 것은 다 행복하여라. 사랑하고 또 사랑하여라. 그리고 용서하여라." …(후략)…

스님은 당신의 저서조차도 세상에 지은 '말빚'이라며 부담스러워 했다. 하지만 생전에 단 한 가지만은 뚜렷이 남기고 가셨으니 바로 '맑고 향기롭게' 시민운동이다. 맑음은 개인의 청정을, 향기로움은 그 청정의 사회적 메아리를 뜻함이라고 일러 주시며 마음을, 세상을, 자연을 맑고 향기롭게 가꿔보자 했다.

스님은 이제 우리 곁에 없지만 그 뜻을 따르고 펼치기 위해 계속 애쓰고 있는 전국의 회원과 자원봉사자들은 오늘도 쉼이 없다. '인간은 끊임없이 선행을 베풀어야 하고 더욱 지혜로워야 한다'는 생전의 당부말씀을 몸소 실천하는 자 되기 위해서이다.

스님과의 인연은 1994년으로 거슬러 오른다. 처음 이 모임을 발족하면서 스님은 '나부터 먼저' 솔선하여 아홉 가지를 실천덕목으로 삼자고 이르셨다. 그 으뜸은 욕심을 줄이는 것이고 덜 쓰고 덜 버릴 것이며 서로 칭찬하며 살자고 했다. 또 자연을 아끼고 사랑하자고도 했다. 너무 쉽고 당연한 말씀을 왜 그리 반복하였는지 이제야 조금 알 것 같다.

사실 요즘의 사회봉사활동이라는 게 어느 단체나 대개는 비슷한 점이 많을 수밖에 없지만 그중 '맑고 향기롭게'

에서 벌이고 있는 활동 가운데 '전화말벗 봉사'는 조금 다르다. 결손이웃들에게 반찬만 전달해주는 게 아니라 늘 안부를 묻고 건강도 챙기며 '말벗'이 되어주는 일이다. 특히 외로움을 많이 타고 있는 독거노인 분들께는 일시적인 도움보다 지속적인 관심과 애정이 훨씬 더 값진 선물이었음을 봉사활동을 통해 실감하면서 '고독이 왜 죽음에 이르는 병'인가를 깊이 성찰할 수 있었음은 작은 봉사의 실천에서 얻은 큰 깨우침이었다.

하루가 다르게 급변하고 있는 현실에서 팔자 좋게 안빈낙도(?)를 이야기한다는 게 가당치도 않을 일일지 모른다. 하지만 아무리 자유롭고 물질만능인 요즘이라 하더라도 지나치게 탐(貪)하고 자기주장을 너무 강하게 표출하면 사람은 금방 거칠어질 수밖에 없다. 몸과 마음에 맑은 바람이 소통할 틈이 없기 때문이다.

저마다 제 몫 챙기기에 급급한 현실에서 자기 것을 나눌 줄 아는 것이 훗날 더 큰 보람으로 되돌아온다는 믿음을 한 번쯤 마음 깊이 새겨볼 일이다. 왜냐하면 그것이 하늘이 내린 우리네 삶의 본연이기 때문이다.

선현들은 어떠한 어려움 중에도 '선비정신'을 으뜸 덕목으로 삼았다. 그분들이라고 어찌 역경과 고초가 없었을까? 하지만 그렇고 그런 온갖 세파에 휘둘리지 않고 자기 세계를 올곧게 지켰기에 맑고 향기롭게 한평생을 잘 살아 냈을 것이다. 그런 삶의 향기가 어찌 예전과 지금이 다를 수 있으랴….

한(恨)

고향에 다녀왔다. 어릴 적 친구가 어머님 상을 당해서였다. 천수를 누리셨으니 호상(好喪)이 아니냐고 위로했지만 친구는 못내 서러워했다. 하얀 국화꽃 속의 어머님이 '철이도 왔구나….' 하시는 것 같아 가슴이 메었다. 초상마당에서 오랜만에 만난 죽마지우(竹馬之友)들이 돌아가신 분의 마음(?)이라며 술잔을 권했고 어머니에 대한 추억이 각별했던 우리는 긴긴 밤을 하얗게 지샜다.

친구의 어머니는 일찍이 홀로이셨다. 그래서였는지 외아들이던 친구를 끔찍이도 아꼈고 우리가 '숙제 하러 왔어요.' 하며 찾아가면 일일이 안아주고 때로는 발도 씻겨주었다. 그러고는 공부 잘해서 훌륭한 사람 되라며 정성껏 먹을 것까지 챙겨줬다. 어느 어머니인들 자식 사랑에 아까울 것이 있을까마는 그분은 유난하셨다. 그때는 마냥 좋기만 하여 가끔은 어머니에게 투정까지 부렸던 일을 생각하면 우리는 영락없는 철부지들이었다.

학교 교육을 변변히 받지 못했던 전(前)세대의 부모님들은 자식만은 꼭 대학에 보내겠다며 허리띠를 졸라매고 거친 일도 마다하지 않으셨다. 친구네도 인삼 농사를 짓는 집이어서 쉴 틈이 없을 정도로 일이 고되었지만 그런 내색 없이 고생이라 할 것이 무엇이냐며 오히려 들녘에 나가 일하는 게 마음이 편하다 하시며 늘 웃으셨다.

중학교에 들어가고 나서 국사 시간이나 국어 시간이 되면 '우리 민족의 정서는 한(恨)이다'라는 말씀을 선생님으로부터 많이 듣곤 했다. 그럴 때마다 나는 속으로 기분이 별로 좋지 않았다. 왜 하필이면 우리나라의 과거사는 '한'으로 점철되었고 지금까지 그것을 한탄만 하며 살아왔는가 하는 생각에서였다.

어른이 되어 지구촌 문화기행을 다닐 때, 다른 나라 사람들과 동서양의 이야기를 나누다 보면 너희 나라 사람들이 말하는 사랑과 정(情)은 왜 하나가 아니고 둘이냐고 묻곤 했다. 심지어 한(恨)이라는 대목으로 이야기가 비약되면 그 말을 번역할 마땅한 단어조차 찾지 못해 난감해 했던 기억도 있다. '정'이나 '한'과 같은 섬세하고도 미묘한 내면적 심리 표현은 우리 민족만이 갖는 언어 수단이 아닌가 싶다.

언젠가 박경리 선생이 인터뷰에서 한민족의 정서 중 '한'에 대한 정의를 묻는 질문에 "한이란 끌어안고 가야 할 과거형이 아닙니다. 그것은 미래지향적 원동력입니다."라고 대답한 적이 있다. 잠시 귀를 의심하지 않을 수 없었던 그때의 기억을 나는 지금도 잊을 수가 없다.

동네에서 제일 예쁜 엄마였고 손재주 야물기로 소문났던 친구의 어머니가 운명처럼 겪어야 했던 청상(青孀)의 처지를 비관이나 하며 체념(諦念)으로 지새웠다면 이는 분명 후회스러운 '한'으로 남을 수밖에 없었을 것이다. 그러나 그분은 오히려 그럴 때마다 더욱 꿋꿋한 의지로 삶의 고단함을 이겨 내셨다. 하마터면 한스러울 뻔했던 '한'을 내일을 위한 원동력으로 자랑스럽게 승화시켰던 것이다. 왜 그토록 밤낮없이 애써 부지런하셨는지 이제는 조금 알 것 같다.

오늘날 고향의 큰 인물로 우뚝 선 친구를 보면 더욱 그런 생각이 든다. 사춘기를 거치며 누구보다 외로움이 컸을 텐데 친구 또한 끝내 좌절하지 않았다. 뿐만 아니라 모든 상황들을 도약의 발판으로 삼았음이 남다르다. 그가 미래의 원대한 꿈을 향해 뜨거운 열정을 불사를 수 있었던 것은 아마도 어머니를 닮은 야무진 성품 덕이었을 것이다.

오뉴월 뙤약볕 아래 인삼 밭을 매시던 어머니, 늦가을 찬 서리에도 빈들에서 이삭을 줍던 어머니, 엄동설한 농한기에는 마실을 다녀도 괜찮을 텐데 놀면 오히려 몸이 더 아프시다고 일감을 손에서 놓지 않으셨던 어머니, 그 어머니께서 돌아가신 것이다. 하늘에서 오셨으니 하늘나라로 가셨겠지만 이제는 부디 사철 꽃 대궐이라는 천국에서 모든 시름 다 잊고 편히 쉬어도 몸이 아프지 않을 기쁨만 누리셨으면 좋겠다.

참아내기 어려웠을 꽃다운 청춘의 '한'을 삭히려고 그렇게 모진 삶을 살아오셨던 어머니, 서럽게만 전해 오던 '한'이 오히려 '미래의 힘'이 될 수 있음을 삶 자체로 웅변해 주셨던 어머니, 내 어머니가 아니어도 귀한 가르침을 주고 가신 우리 어머니!

빛과 그림자

얼마 전 인도 여행길에서 라자스탄의 비카네르(Bikaner) 사막 사파리를 마치고 돌아오던 날, 가이드 아저씨에게 민박을 부탁했고 그의 안내로 하루를 묵은 일이 있다. 민박집이라고 하기엔 지나치게 근사한 저택에 들면서 '이거 마(魔)에 걸려드는 것 아닌가?' 어리둥절했다. '설마 나쁜 짓을 하자는 건 아니겠지?' 낙타몰이 아저씨를 경계도 했지만 모든 게 기우였음이 다행일 뿐이다.

민박을 영업으로 하는 집은 아니었지만 알음알음으로 소개받은 외국인 한두 사람을 초청해 서로 다른 문화를 토론하기 좋아하는 주인의 별난 삶이 깃든 그런 집에 사파리 아저씨가 이방의 한국인을 안내해준 거였다. 지금 생각해보면 외려 고마운 아저씨에게 감사표시라도 했어야 할 일이었다.

매우 향긋한 차이(茶)를 마시며 주인 마핸드라씨는 한국에 대해 많이 궁금해 했다. 한국의 새마을운동을 배워 인도도 하루속히 신흥 부국이 됐으면 하는 대목에선 연민의 정마저 묻어났다. 그만큼 고뇌 또한 깊은 듯 보였다. 밤늦은 시간까지 이어진 대화에 온 정성을 다해 대한민국을 설명했다.

다음날 찬찬히 살펴본 집 구조의 고급스러움에 놀라지 않을 수 없었다. 서재를 장식하고 있는 책, 사진, 상패, 소품 등이 전직 관료 출신이었음을 말해주고 있었다. 하얀 백발에 구레나룻까지 멋있었던 노신사를 대하면서 인도를 새삼 인식할 수 있었던 그 집에서 뜻밖의 놀라움을 겪을 줄이야….

주택은 문간채를 거쳐야 안채에 드는 구조였는데 문간채 대문 오른쪽은 하인의 거처였고 왼쪽은 개집이었다. 서로 마주보고 있는 모양새가 비슷한데 한쪽은 사람이고 맞은편은 개가 들어앉아 있음이 달랐다. 하인의 방엔 나무 침상과 벽에 가족사진 한 장이 붙어 있었고 옷가지 몇 점이 걸려있을 뿐이었다. "이게 세간의 전부이냐?"고 물어봤더니 "더는 무엇이 필요하냐?"고 되묻는데 순간 물어본

내가 머쓱해지고 말았다. 안채의 주인댁 거실에 깔려있던 아라비안 카펫과 호화스럽게 꾸며진 실내공간에 비해 하인의 단칸방은 비교라는 말조차 꺼낼 수 없을 만큼 초라했다.

아무리 신분의 차이가 크다 하더라도 하인의 거처가 개집과 비슷할 수 있단 말인가? 역사시간에 배웠던 그러나 지금은 없어진 구습이라 알고 있는 이 나라의 '카스트 제도'가 엄연히 존재하고 있는 현장이었다. 안채의 브라만과 문간채의 불가촉천민을 한집에서 한눈으로 봐야 하는 현실이 마음을 무겁게 했다.

다행히 더듬더듬 영어를 말할 줄 아는 하인 '싸딕'이었기에 조심스레 몇 마디 더 물어 보았다. 액자도 없이 벽에 붙어있는 사진으로 보아 아내와 어린아이가 둘 있는 가장이었다. "집엔 일 년에 몇 번이나 가느냐?" 했더니 명절날 한 번인데 주인댁이 바쁘면 못 간다고 한다.

"싸딕~! 불쌍해 어쩌지?"

"아니야 난 괜찮아. 그리고 행복해."

그를 다시 쳐다보았다. 그는 정말 행복한 미소를 띠고 있었다. 일 년에 한 번, 그것도 여건이 여의치 못하면 갈 수 없는 현실이라면 짜증 섞인 불만을 토로할 법도 하건만 싸딕은 모든 게 시바신(神)의 뜻이라며 평온한 얼굴이었다. 자기에게는 사랑하는 아내와 예쁜 아이 둘이 있다며 그들이 가족이라는 사실과 언젠가 만날 수 있다는 생각만 해도 행복하다면서 역시 '시바신'의 뜻이라는 싸딕 앞에서 오히려 초라해지고만 자신이 부끄러웠다.

그는 가진 것도 많지 않고 아내와 자식도 마음대로 만나지 못하는데 도대체 무엇이 행복하다는 말일까? 나는 그런 그가 어찌 행복할 수 있는지 알 길이 없었다. 아라비아사람에게는 '알라신(神)'이 있듯이 이들에게는 시바신이 있어 인간사 길흉화복이 죄다 신의 뜻이라는 믿음으로 산다 하더라도 어쩌면 그리 담담할 수 있을까?

지금도 그 생각에 잠기면 뭉클한 가슴을 숨길 수가 없다. 여행 중에 만난 사람들 가운데 세상에서 가장 천진했던 싸딕의 미소를 떠올리면 도대체 행복이 무엇인지 알 듯 모를 듯 오늘도 빛과 그림자의 늪에서 서성인다.

나무야 나무야

나무는 그냥 나무였다. 그런데 산림청 '산림문학회'와 맺은 인연을 계기로 그게 아님을 깨닫게 된 건 행운이고 기쁨이었다. 이제는 즐겨 다니는 여행의 테마와 코스도 달라졌다. 귀한 깨달음을 모티브로 서울을 나선 행선지는 원주, 영월, 태백, 울주까지이다.

치악산을 찾아 사다리병창을 노래하며 비로봉(1288m)을 오르내릴 때는 알지도 듣지도 못했던 바윗돌 하나를 매표소 옆에서 찾을 수 있어 기뻤다. 너비 약 1미터에 둘레가 3미터쯤 되어 보이는 무릎 높이의 도도록한 자연석엔 우에서 좌로 네 글자가 희미하다. '標禁腸黃' 즉 '황장금표'다. 이는 이곳 소초면 학곡리 일대의 황장목을 보호하기 위하여 일반인의 무단 벌목을 금지한다는 임금님의 방(榜)

으로 강원도기념물 제30호 사적이다. 솔 향 가득한 새소리길, 바람길, 물소리길 등 모두가 마음치유숲길로 더할 나위 없이 좋은 걸 왜 진즉 몰랐을까?

거기서 머지않은 영월 땅 수주면 두산리, 그러니까 조선조 후기 순조 임금께서 1802년에 세웠다는 두산리 809번지의 비석 하나는 높이가 겨우 110cm에 불과했지만 200여 년의 풍상을 견디었음에도 매우 단아했다. 역시 황장목을 나라에서 직접 보호하겠다는 '黃腸禁標碑(황장금표비)'로써 마을이름조차 황장골이었다.

당시 이곳의 황장목 관리를 소홀히 한 죄로 귀양까지 보내졌다는 영월 부사 김정하의 얘기가 지금껏 전해오고 있는 걸 보면 황장목의 격(格)이 어떠했는지 짐작하고도 남을 일이다.

꼬불꼬불 강원도 길 태백시 황지읍을 지나던 중 불현듯 옛 직장동료 감자바우 K가 보고 싶었다. 수염까지 텁수룩한 채 산(山)사람이 다된 그가 "예고도 없이 웬일이냐?"며 눈을 껌뻑이더니 반가워 어쩔 줄을 모른다. 오랜만에 옹심이로 묵은 회포를 잠시 풀고 서둘러 울진으로 넘어가니 어느덧 하루해가 설핏하다.

다음날 일찍 소광리(召光里)로 접어들자 계곡물소리가

꽤나 거세다. 도랑물 건너기를 예닐곱 번쯤 하였을 때 인적조차 뜸한 곳에서 너럭바위 하나가 유난스럽다. 안내표지판에 '黃腸封界標石(황장봉계표석)'이라 적어 놓고 '황장목의 봉계지역을 대리, 당성, 생달현, 안일왕산 네 곳으로 경계하고 관리를 명길에게 맡긴다'라고 설명을 달아 놓았다. 산이 깊을수록 잡목을 솎아낸 잘 정돈된 소나무정원이 아름답다.

예전에 궁(宮)을 짓거나 왕실에서 관(棺)이 필요하면 소광리 소나무를 베어 썼다는데 보나마나 황장목임이 분명하다. 그 후 일제강점기 때는 우리 금강송을 일본으로 가져가기 위해 봉화군 춘양역(驛)에서 반출했다 하여 춘양목(春陽木)이라 부르기도 했다니 이름까지 수난을 겪은 과거사가 안타깝기만 하다.

그곳은 산림청 보호수림구역이라 입산 허가와 함께 관리소의 안내에 따라야 한다. 봉계석을 시작으로 솔 숲 면적이 여의도의 8배나 된다는데 그중에도 될성부른 거목(巨木)감이 200년 후엔 귀한 수형목(秀型木)이 되어 장차 경복궁의 대들보가 되고 숭례문의 기둥으로 우리의 역사와 문화를 떠받치게 된다는 얘기다. 해마다 겪는 봄철 산불위협에 잠을 설치기 일쑤라며 '숲 사랑은 산불 예방부터'

라는 대목에선 비장함까지 엿보였다. 수려한 소나무들이 마치 연병장에 도열한 사관생도를 보는 것 같아 한없이 미덥고 늠름했다.

저 나무는 어찌 저리도 예쁘냐고 물어보았더니 미스 황장목이라고 한다. 그러고 보니 가지나 옹이 하나 없는 몸매에 발그스름하고 매끈한 모습이 여인의 각선미를 닮았다. 그 맞은편엔 미남송(美男松)도 있었는데 장군처럼 버티고 선 모습이 사나이다운 기상이다. 삼라만상이 죄다 음양(陰陽)의 조화가 아니던가?

하얀 띠를 두른 나무는 종목(種木)으로 후대를 위한 '씨받이 나무'라고 한다. 이렇듯 원형 숲을 보존하기 위해 연구원들이 이 깊은 산중에서 유전자보존증식 등 학술연구에 밤낮이 없다는데 숨은 애국자가 따로 없는 현장이었다.

숲 사랑의 가치를 몰랐더라면 어찌 숲 기행이 이토록 소중한 발걸음인 줄을 알 수 있었을까? 푸른 솔들이 너도나도 덩달아 빛을 발하며 하늘 찌를 듯 당당하다.

황장목은 매끈한 몸통 위에 풍성한 솔잎을 머리에 인 모습이라는데 이는 중간에 가지가 많으면 폭설에 몸통까지 꺾이기 쉬우므로 살아남기 위해 헛가지를 깔끔하게 정리하는 습성을 가졌기 때문이라고 설명을 한다. 감히 범할 수 없는 자연의 섭리 앞에 우리 인간은 왜 스스로 내려놓고 덜어낼 줄 모르며 더 많이 틀어쥐려고만 야단들일까? 명예든 재물이든 때에 이르러 스스로 가지치기할 줄 아는 당위를 황장목에서 한 수 배워본다.

때늦은 생일상

'호랑이 아빠에 사슴 같은 어머니' 우리는 옛 부모님의 모습을 대부분 그렇게 기억하고 있다. 지금은 하늘나라에 계시지만 우리 아버지와 어머니도 그러하셨지 싶다. 오늘 그 어머니의 백오 수(105세) 생신을 맞으니 옛 생각이 새삼 가슴을 저민다. 살아생전 흐뭇하게 생일상 한 번 차려 드리지 못했던 지난날을 되돌아보면 철부지 불효자가 따로 없다. 오늘은 '유두' 음력(陰曆)으로 유월(六月) 보름(十五日)이다.

어렸을 적 내 고향(錦山) 우리 집은 인삼(人蔘)농가였다. 씨삼파종, 발치기, 김매기, 딸집기, 삼캐기, 깍기, 접기 등 모든 농사일의 기준은 죄다 음력이었다. 물론 우리의 생일이나 명절, 기제사 등 모두가 음력이 아니면 셈이 되지 않았다. 그래서 안방 윗목에는 늘 '일력'과 '책력'이 놓여 있었다. 요즘은 달력조차 음력이 표시되어 있지 않거나 있어도 작게 혹은 띄엄띄엄 시늉만 해놓은 경우가 대부분이다. 거기서 24절기나 음력 명일을 찾아보기란 쉽지 않다. 더구나 유두날에 대하여 아무런 표시조차 없는 걸 보면서 어머님의 생일과 함께 자꾸만 우리 곁에서 멀어져 가는 것 같아 허전함을 느낀다.

동국세시기(東國歲時記)에 의하면 동쪽으로 흐르는 물에 머리를 감아 상서롭지 못한 것을 씻어낸다(浴髮於東流水, 除不祥)고 했던 유두날에 대한 유래가 오래전 삼한(三韓)시대까지 거슬러 오르고 있음은 예삿일이 아니다. 대부분의 명절이 중국에서 유래하고 있으나 '유두절'만은 우리나라 고유의 명일이었음이 분명하다. 임진왜란 전까지만 해도 오월 단오, 칠월 칠석과 함께 온 나라 백성들이 함께 즐겼던 풍성한 명절이었다고 한다.

어머님은 복(福)도 많으셔서 그런 좋은 날에 이 세상에 오셨나 보다. 그랬으면 오래오래 그 복을 다 누리셨으면 얼마나 좋았을까? 요즘 같으면 나이 100살이라도 '예쁜 할머니' 정도인 텐데 무엇이 그리 바쁘셨는지 하늘나라로 가신 후로는 자식들 집엘 한 번도 아니 오신다.

어머님 살아생전 유두절이면 우리들 4남매는 덩달아 신이 나곤 했다. 단오날 먹어본 수리취떡의 기억이 잊혀질 무렵이라 유두날 푸짐하게 차려진 수단을 보면 배가 절로 부르고 더위까지 가시는 듯했다. 멥쌀을 빻아 조청으로 반죽을 해서 밤톨만 하게 비벼 떡시루에 찐 것을 얼음물에 동동 띄워 "어여 먹게, 우리 새끼들…." 하시며 한 사발씩 주셨다.

유두날이 다른 명일에 비해 조금은 뒷전이었음에도 어머니는 애써 그날을 챙기시며 '건강하고, 공부 잘하고, 말 잘 들으라' 하셨다. 그런 명일(名日)이 바로 당신의 생일(生日)인 줄을 어렸을 적엔 몰랐었다. 생각할수록 철없던 그때가 송구스럽기만 하다.

예전의 유두 풍습이 단순히 더위를 피하기 위한 것만은 아닌 성싶다. 그날을 전후하여 계절은 어김없이 삼복염천에 든다. 복(伏)날이 여름 한가운데 있어 무더위를 잘 이겨내도록 지혜를 상기시켜줬다면, 유두는 본격적인 더위가 시작되기 전에 미리미리 건강과 장마와 더위에 대비하라는 예방적 통보(?)였을 것이다.

지난날의 세시풍습(歲時風習)을 재현하기는 쉽지 않겠지만 그러나 매사를 사전에 준비하고 애써 조심하며 살라고 하셨던 조상님의 삶에 대한 지혜만은 본받고도 남을 만하지 않은가? 어머니께서도 "공부란 때가 있는 법, 제때에 게으르면 나중에 별 볼일이 없다."고 늘 이르셨다. 그땐, 그 '때'가 언제이며 그 '별 볼일'이라는 게 무엇인지 알아듣지 못했었다. 이제는 알 것 같아 어머니께 한 말씀 여쭙고 싶은데 뵈올 길이 없다.

미풍양속이든 어머니의 말씀이든 선현의 슬기를 본받는다는 건 스스로의 삶을 알차고 향기롭게 북돋우는 밑거름이다. 또한 건강한 가정을 이루는 초석(礎石)임에 두 말할 나위가 없다.

이제는 달력에서조차 찾아보기 힘든 유월 유두날이지만, 그러나 어머니~! 세월이 흐르고 시절이 제아무리 변한다 하여도 유월 보름은 어머니의 생일날입니다. 그래서 저희들은 올해도 그날을 기억하고 되새기며 철부지형제들이 한자리 모여 때늦은 생일상(床)을 차립니다. 어머니~!

포인트 적립

'여유와 낭만'이 얼마나 가슴을 설레게 하는 말인가? 그런데 그게 꿈속에서 맴돌기만 했던 시절이 있었다. 매월 25일 월급봉투를 받던 날, 그 하루만이라도 꿈에 그리던 여유를 누릴 수 있어 얼마나 기뻤는지 모른다. 그런데 어쩌다 아이들에게 그런 이야기를 하면 들으려 하지도 않거니와 믿어 주지도 않는다. 아마도 '누런 월급봉투'라는 걸 상상이나 짐작조차 하지 못하는 눈치다.

요즘은 너무나 차고 넘치는 물건의 풍요가 탈인 경우를 다반사로 겪으며 산다. 너무 많이 먹고 너무 많이 버리고, 심지어 자동차와 가전제품의 홍수로 '편리와 불편'이라는 아이러니가 어지러이 교차한다.

하루가 다르게 변하고 있는 현실은 돈이나 수표가 오가

지 않아도 언제 어디서나 인터넷으로 결재를 하고 시내버스는 물론 밥값에 차 한 잔까지도 카드 1장으로 거침이 없다. 그런데 앞으로는 카드조차 필요 없는 세상이 올 것이라는 보도다.

그럼에도 불구하고 현찰 지불이 아니면 물건 값을 제대로 치르지 않은 것 같아 헛헛한 데 최근 그와 비슷한 일을 겪고 말았다. 어느 날 백화점 정산코너에서 포인트 적립에 대한 이야기를 들었을 때다. 순간 계산이 틀린 건가 싶어 어리둥절한 내게 멤버십에 포인트를 적립하면 어찌어찌 좋을 것이라는 식의 장황한 설명을 듣고는 바쁜 사람 붙들고 쓸데없는 이야기를 왜 저리 늘어놓을까? '별일 다 보겠네' 했다.

그런데 캐나다에서 잠시 살아보니 그게 그런 게 아니었다. 그들은 누구나 할 것 없이 모두가 일에 감사하고 노동을 귀히 여기며 카드로 살고 있었다. 언제 어디서 누구나 적립식 포인트를 허투루 외면하지 않았다. 노상 자동차를 몰고 다니며 주유소를 제집 드나들듯 하면서도 포인트라는 걸 꼬박꼬박 챙기고 있었으며 그 흔한 햄버거 한 쪽, 커피 한 잔에도 예외가 없어 처음에는 놀랍기까지 했다. 도대체 저 시시콜콜한 걸 그렇게 알뜰살뜰 모아 무얼

어쩌자는 건지 '째~째~하기는…' 했었다.

세상이 하루가 다르게 변하는 건 예삿일이요 그에 부응해야 함도 마땅한 일이건만 빠른 세태의 변화를 받아들이고 때맞춰 쫓지 못한 자신을 새삼 돌아보았다. 기성세대라고 젊은이처럼 살지 말란 법은 없다. 아니 젊은이처럼 살지 않으면 뒤처진 퇴행 인생일 수밖에 없음이 엄연한 현실이기도 하다.

해외나 국내나 지금은 분명 인터넷시대다. 따라서 카드를 사용할 때마다 포인트라는 걸 생각해야 하는 것 또한 일상이 되었다. 그건 쩨쩨한 게 아니라 삶의 한 방편이요 지혜인 걸 이제 알 것 같다.

귀국길 태평양 상공을 지나면서 만감이 교차하던 중 반복되는 일상 중에 모아지는 게 어찌 적립금이나 카드 포인트뿐일까? 되뇌어보았다. 서울이든 밴쿠버에서든 하루하루 켜켜이 쌓이는 추억도 그때그때 나날이 적립시킨 자신의 귀중한 삶의 포인트인 걸 몰랐느냐고 누군가 채근하는 것만 같다. 캐나다 속담에 '추억이 없는 사람은 가난한 사람'이라는 말이 있다. 돌이켜 보면 물건 값으로 카드를 쓰면서 얻는 포인트보다 훨씬 더 의미 깊고 값진 추억포인트라는 걸 그들은 예전부터 암시하고 있었던 건 아니었나 돌이켜 보았다. 세월의 나이테처럼 하나 둘 쌓여가는 추억을 돌아보면 그 두께가 곧 지나온 삶의 그림자였음이 아니던가? 내일이 오늘로 또 오늘이 어제라는 이름으로 삶의 페이지를 넘기며 지금 이 순간도 추억포인트는 하나 둘 쌓여가고 있지 않은가?

다양한 이야깃거리가 넉넉한 부자로 살 수 있도록 많은 추억포인트를 적립해볼 일이다. 다정한 사람들과 만나 소중한 인연을 맺고 가보지 않은 곳으로 여행을 떠나 신나는 경험도 챙기며 새로운 일이나 배움에 도전장을 내고 당당히 맞서 더 많은 포인트를 쌓고 싶다.

생각해보면 기쁘고 좋았던 일들만 기억하기에도 모자란 게 추억 공간일 텐데 그 귀(貴)한 곳에 언짢았던 일들일랑 죄다 버리고 내일의 기쁨이 될 수 있는 여운만을 추억포인트로 소중히 적립해볼 일이다. "무지갯빛 추억이 꽃보다 아름답다"고 했던가? 그리 믿고 싶다. 왜나하면 추억이란 '가슴에 남는 마지막 연인'이니까.

사과궤짝

언젠가 월례 산행에 일곱 명이 모였다. 자주 보는 얼굴이지만 산에서 만나면 더 반갑다. 앞서거니 뒤서거니 백운대에 올랐다. 공깃돌처럼 다정한 오봉이 반갑다고 인사를 한다. 멀리 관악산이 흐릿하고 남산을 아우르고 있는 서울 시내가 한눈에 들어온다. 한참을 무념무상으로 앉아 계시던 회장님께서 "그럼 한국전쟁 때 잿더미가 됐던 서울을 상상이나 할 수 있겠느냐?" 하시며 물끄러미 쳐다본다. 마침 그날이 6월 25일이라 옛 생각이 떠오르셨던 모양이다.

전에도 들어본 이야기지만 한국동란 당시 선생님께서는 피란길을 서두르며 그래도 장서만은 포기할 수 없어 가장 안전한 운반수단으로 택한 것이 사과궤짝이었다고 한다.

그 탁월한 선택 덕분에 1954년 서울 집으로 다시 돌아왔을 때 사과궤짝 그대로 차곡차곡 쌓아 뚝딱 서재를 꾸밀 수 있었다며 그땐 불편은커녕 사과궤짝이 고맙기만 했었다는 얘기다. 서재가 된 사과궤짝 책장과 주방에 놓인 사과궤짝 찬장은 한국전쟁 중 고달팠던 한 시대의 상징이 되었다고 술회하신 고(故) 이희승 선생님을 모시고 CAC(한국산악회)활동을 열심히 했던 젊은 날의 추억이 오늘따라 더욱 새삼스럽다.

내 어렸을 적에 본 사과궤짝은 대패질도 하지 않은 송판을 대충 못질해 짜 맞춘 상자였지만 단단하고 두꺼워 한 번 쓰고 버리기엔 너무 아까운 다용도 효자 물건이었다. 오늘날의 골판지 사과박스는 쓰고 난 뒤 납작하게 찌그러진 채 분리수거로 끝날 뿐이지만 널빤지 한 조각마저 귀하던 시절의 사과궤짝은 서민들에게 한몫 톡톡히 해준 귀(貴)물이었다.

엎어 놓으면 앉은뱅이 책상이나 밥상이 됐고 트인 쪽을 앞으로 향하도록 부엌에 몇 개 쌓아 놓으면 대접, 사발, 수저, 접시, 냄비, 바가지, 반찬 등을 보관하는 찬장이 되었으며 궤짝에 벽지를 예쁘게 발라 양말, 수건, 속옷 등을 보관하는 수납장으로도 썼다. 또 궤짝에 바퀴를 달아

장난감유모차로 끌고 다니기도 했고 궤짝 한쪽을 철망으로 막아 병아리나 토끼를 기르기도 했다. 더 나아가 손재주 좋은 사람은 궤짝을 뜯어 요리조리 가공해 책꽂이, 신발장, 서랍장 등으로 다양하게 활용했다. 그러고 보면 우리나라 DIY(Do It Yourself)의 시작은 그때가 아니었나 싶기도 하다.

그 시절 조선일보에는 「새마을 공작」이라는 특별 코너까지 마련해 놓고 사과궤짝을 이용해 찬장, 책상, 책꽂이, 수납장 등 자잘한 살림 도구 만드는 방법을 소개하며 경제적 부담이 적어 누구나 손쉽게 만들 수 있다고 권장하기도 했다.

최근 들어 모 가수가 부른 '보릿고개'가 인기가요 탑에 오르고 있다. 글자 하나 틀리지 않는 노랫말이 가슴을 저리게 한다. 그런 시절이 있었던가 싶을 만큼 요즘은 너무 풍족해서 탈(?)이 나고 있어 가끔은 현기증이 난다. 보릿고개 그 시절 식량부족을 극복하기 위한 고육지책으로 정부에서는 매주 수요일을 '무미일(無米日)'로 정하기도 했고 식당의 반찬 낭비를 위한 '표준식단제'가 시행됐는가 하면 보사부(지금의 보건복지부) 법령으로 '가정의례준칙'이라든가 '표준혼수모델' 등이 공표되기도 했다.

언젠가 살아생전 국회의원 배지를 달았던 코미디언 이주일씨가 TV인터뷰를 하면서 서러웠던 무명 시절 달동네 셋방살이의 가난을 더듬으며 '그때 살림살이라고는 담요 몇 장과 사과궤짝 서너 개가 전부였다'고 털어 놓으며 목이 메어 울먹이던 모습이 지금도 눈에 선하다. 이 모두가 젊은 세대들에게는 과거의 역사 속 이야기 정도로 치부될지 모르겠지만 결코 그렇지 않다. 왜냐하면 우리가 살아가고 있는 지금 이 시대의 이야기이니까.

그랬던 예전의 사과궤짝은 이제 추억 속의 유물이 되었다. 요즘의 골판지사과박스는 버리기 아까울 만큼 튼실하고 예쁘지만 지천에 너무 흔하여 그 모양 그대로 다시 쓰는 사람은 거의 없다.

오늘따라 예전의 사과궤짝이 왜 이토록 아련한 추억으로 되뇌어질까?

이름이 뭐길래

수목원에 가면 많은 친구들을 만난다. 입 맞추어 쪽나무와 화살촉 같은 화살나무도 있고 껍질을 벗기면 흰 줄기가 나오는 국수나무랑 하얀 꽃이 팝콘처럼 생긴 조팝나무, 그리고 나뭇가지가 어긋나지 않고 마주 뻗는 층층나무, 십 리 절반 오리나무, 불에 타면 꽝! 꽝! 소리가 난다는 꽝꽝나무도 만난다. 때가 탄 것 같다는 때죽나무는 꽃이 종(鍾)모양이라 영어로는 스노우벨(Snowbell)이다. 그래도 거기까지는 괜찮은데 구린내나무는 꽃이 피어 절정에 이르면 기어이 그(?) 냄새를 어김없이 풍겨대고 있어 가관이다.

그래서일까 사물의 이름엔 상징성이 매우 크다. 더러는 이름으로 덕을 보기도 하지만 그 반대일 경우도 있다. 어린 시절 방구, 임신, 성기, 귀신이라는 이름의 친구들을 놀려댔던 기억과 어른이 돼서까지 최(崔)지옥, 나(羅)죽자, 구(具)덕이, 박(朴)아지 등 지인들이 곤욕을 치르는 걸 보기도 했다. 그래도 사람은 법(法)에 호소하여 구제라도 받을 수 있지만 초목들은 부르는 대로 불릴 뿐 하소연을 할 수조차 없으니 나름, 분통이 터지고도 남을 일이었지 싶다.

언젠가 여름 백두대간에 올랐다가 갑작스런 태풍경보로 중도하산 한 일이 있다. 천둥번개 요란했던 위험지대를 벗어나 가쁜 숨을 내쉬며 서둘러 걸었다. 얼마쯤 내려왔을까 우르릉 쾅~ 쏴~ 하고 비바람이 다시 몰려오더니 계곡에서 무언가 웅성거리는 소리가 들리는 것 같았다.

시커먼 하늘 아래 다급하게 쫓기는 신세라 그러했겠지만 반가웠던 자연의 소리가 그때는 무섭고 겁도 났다. 마음을 다잡으며 태연한 척하고 싶었으나 그게 뜻대로 되지 않았다. 좌우간 무슨 소리들일까 귀가 쫑긋 곤두서기 시작했다.

왜 하필이면 자기를 '큰도둑놈의갈고리'라 이름 붙였느냐며 키가 꺼벙한 녀석들이 볼멘 듯 서 있다. 저만치 있던 '쥐오줌풀'도 인간들이 자기를 너무 무시했다며 서럽다고 하소연한다. 아뿔싸~! 이름을 생각해 보니 그럴 만도

하겠구나 싶었다. 그래설까 괜히 미안한 생각이 들어 얼른 벗어나려는데 뒤에서 '개망초'도 여기 있다며 도대체 누가 그 따위로 이름을 지었느냐면서 따지려 든다.

"아니, 등산 왔다 쫓겨 가는 내가 무슨 죄(罪)람?" 억울하기 짝이 없었지만 어쩌랴 인간이기에 미안쩍은 마음으로 도망치듯 걸었다. 또다시 검은 구름이 용틀임을 하며 뒤쫓아 오는 사이 이번에는 들꽃 세상을 만났다. 설마 했는데 분위기는 마찬가지였다. 어디선가 자기가 왜 '며느리밑씻개'가 됐느냐며 울상이다. 아니 '코딱지꽃'은 또 무엇이냐고 아래쪽에서 아우성이다. 갈수록 태산이라더니 그게 다가 아니었다. 심지어는 개를 본 적도 없는데 무슨 이유로 자기를 '개불알꽃'이라 부르는지 이름 때문에 체면이 죄다 구겨졌다고 징징댄다.

상상조차 하지 못한 일들이었다. 세월이 변해도 거기 그대로 있을 나무와 풀과 꽃들, 엄연한 이 산하의 주인이 분명하건만 누가 그리 마음대로 불러댔을까?

그래도 '달맞이꽃'이랑 '수수꽃다리'와 '비비추' 그리고 이름도 예쁜 '금강초롱'과 '동자꽃' 등이 아직은 훨씬 더 많으니 그나마 다행이라 위안을 삼아도 될지 영~궁색하기만 하다.

동물은 빛이 있어 통하고, 식물은 바람의 입김으로 소통한다고 했던가? 볼멘소리들이 바람 따라 계속 귓전을 울렸지만 억지로 태연한 척 그러나 두근거리는 가슴을 쓸어내리며 걸음을 재촉했다. 얼마를 뛰었을까? 저 아래 산장에서 깜박깜박 불빛이 새나왔다. 그때의 안도감이라니 순간 다리가 풀리면서 하마터면 털썩 주저앉을 뻔했다. 해는 졌으나 바람이 잦아드니 딴 세상인 듯 천지사방이 조용하다.

아무리 생각해도 수상하다. 웬 아우성들이 그리 심했을까? 조금 전까지 태풍 속 천둥 비바람에 쫓긴 한 인간이 허둥지둥 허깨비에 홀린 나머지 윙~ 윙~ 쓰윽~ 쓱~ 잎새소리에 놀라 환청(幻聽)을 일으켰던 것일까? '도둑이 제 발 저린다'는 옛말이 있기는 하지만….

만약 그렇다면 이제껏 공포스럽게 귓전을 때리며 마음을 옥죄게 했던 초목과 산야초들의 아우성이 풀숲을 스쳐 간 바람 소리였단 말인가? 목덜미에서 땀방울이 주룩 흘러내렸다. 가쁜 숨을 달래는 순간 '맞아! 그랬었구나!' 절로 탄성이 새어 나왔다. 세상에나 이럴 수가? 젠장, 이름이 뭐길래….

몽블랑 샤모니

런던 그리니치에서 시작한 5주간의 유럽일주여행도 어느새 중반을 넘고 있다. 여대생이 됐다고 큰소리치며 처음 동행한 막내(자영이)가 배낭여행의 진수라도 깨달은 양 어깨를 으쓱댄다. 적어도 배낭을 1백번은 싸봐야 진정한 백팩커로서 모양새가 나올 법한데 말이다.

해발 1천 미터가 넘는 고지대라 그런지 제법 시원한데다 샤모니 특유의 독특한 모양 집들이 마치 동화의 나라를 연상케 하고 있다. 만년설의 몽블랑은 알프스 최고봉이다. 샤모니(Chamonix Mont Blanc)는 그 아래 첫 동네로 제1회 세계동계올림픽이 열렸던 역사의 현장이기도 하다. 산을 오르려는 사람 혹은 내려온 사람, 그리고 차림새도 다양한 수많은 여행자들이 거리마다 골목마다 많기도 하다. 올망졸망한 호텔, 롯지, 카페, 스넥코너, 선물가게, 레스토랑, 등산장비점 외에 뷰티숍과 쥬얼리에 헤어숍까지 생겼도 하다. 깊은 산중의 고즈넉한 촌락일 줄만 알았던 샤모니는 그러나 세계의 명품에 파리의 패션까지 넘쳐흐른다.

자영이는 자꾸만 쇼윈도쪽이 궁금한 모양인데 시간이 넉넉하지 않아 애써 모른 체 지나쳤다. 그리고 첫 번째 찾은 곳은 책에서만 보았던 유럽대륙의 지붕 알프스에 목숨을 걸고 모험했던 산사람들의 역사와 체취가 고스란히 살아 숨 쉬고 있는 산악박물관(Musee Alpin)이다.

성공했든 실패를 했든 몽블랑 등정 이후의 지구촌 알피니스트들이 남긴 족적과 산악등반 기록 그리고 그들의 손때 전 소품과 장비들이 인간 한계에 도전했던 등정의 순간들과 함께 너무나 생생하다. 그래서 박물관을 일러 현재와 과거가 시공을 넘어 속삭이는 '대화의 방'이라고 했는가 보다.

자-일이 아닌 밧줄과 스키 대신 설피에 변변한 방한복과 나침반, 고글, 아이젠, 픽켈 하나 제대로 갖추지 못했던 옛 산악 선배들의 유품들 에서 깊은 연민의 정이 묻어난다.

"아빠, 저 정도로는 정상에서 얼어 죽지 않을까?"

"글쎄, 내가 봐도 꼭 큰 일이 날 것만 같구나."

"그런데 왜 그렇게 기를 쓰고 올라가는 거야?"

"그거야, 산이 거기 있으니까!"

"……."

문 닫을 시간이라며 안내 방송이 연신 재촉 하는 걸 보니 하루해가 어느새 저물어 가는가 보다.

롯지에 들어서자 카운터를 보던 할아버지가 와인 한 잔씩을 글라스에 담아 환영해 준다. 작은 배려지만 진심 어린 친절이 샤모니를 다시 생각하게 한다. 현대식이라고는 주방과 화장실뿐 그 외에는 모두가 일백년도 더 됐다는 집기와 시설물들이 정감을 더한다. 서울의 황학동 골동품 시장에서나 찾아봄직한 구닥다리 괘종시계가 똑딱똑딱 살아 움직이고 있는 모습이 경외스럽기까지 하다.

3층으로 안내된 우리 방에는 조그만 발코니가 있고 하얀 의자가 2개 놓여 있었다. 해가 기웃기웃 넘어가자 백색천지였던 몽블랑이 황금색과 붉은빛으로 순간순간 옷을 갈아입는다. 아마 알프스도 이제 잠자리에 들려나 보다.

저 알프스 산자락 어느 곳에선가 알퐁스 도데는 「별」을 썼을 것이고 '알프스 소녀 하이디'도 거기 어디쯤에서 뛰

놀았겠지. 이렇게 아름다운 자연이었기에 그토록 예쁜 글을 썼을까? 부질없는 생각에 염치가 없었는지 '자연이 아름답지 않으면 좋은 글이 안 되는 것이냐?' 하고 양심이 채찍을 한다. 자연이란 자기 품에 든 자 누구든 가리지 않고 여유와 낭만, 감동과 사랑을 아낌없이 베풀 뿐 더도 덜도 없다.

아래층에서 귀에 익은 교향곡이 살며시 들려오더니 뜨락의 탁자마다 촛불이 켜지고 삼삼오오 소곤거리며 와인잔을 기울인다. 알프스 사람 특유의 전통 옷을 입은 여자가 부지런히 음식을 나르고 악사 3명이 음악을 연주한다. 포크와 나이프를 달그락거리는 저들의 정겨운 모습이 너무 사랑스럽다.

가정의 평화든 세계의 평화든 그 모든 것은 결국 각 개인이 가족이랑 이웃들과 함께 평범한 일상에서 기쁨을 나누고 누리는 것 아닐까? 때가 되면 누구나 밥을 먹고 밥상머리에는 식구들이 옹기종기 모여 있기 마련이건만, 내 생에 그런 일이 전혀 없었던 것처럼 이 시간 이렇게 생소하고 부러울 수가 없다.

"자영아~ 힘들지?"

"아니요, 그런데 서울 엄마는 지금 뭐하고 있을까?"

"너~ 집에 가고 싶구나?"

"네, 쬐 끔 요."

"배고프지? 아빠가 요리해줄게."

"……."

"매운맛, 김치라면 어때?"

"……."

부부

부부(夫婦)에 관한, 부부를 위한, 부부 때문에 회자되고 있는 말은 헤아릴 수 없이 많다. 뿐만 아니라 부부를 소재로 끝없는 담론이 이어지고 있음도 예나 다름이 없다. 언젠가 TV에서 노(老)부부 세 쌍이 출연하여 웃음 경쟁을 벌였는데 부부를 두 글자로 표현하면 무엇이라 할까요? 라는 물음에 여보, 원앙, 원수, 짝궁 이라는 대답 중 의외로 '원수'에 박수가 제일 많았다. 짓궂은 진행자가 그걸 다시 네 글자로 말해보라고 분위기를 띄우니 '평생웬쑤' 라고 대답하여 그 팀이 인기상을 차지했고 스튜디오는 한바탕 웃음꽃이 폈었다.

TV를 보고 있던 우리 부부도 그 순간 아내는 "빙고~!"를 나는 "아니~세상에나?"를 동시에 외치고는 머쓱한 채

웃고 말았지만 만에 하나 서로가 심각한 눈빛으로 '내 말이 맞지…!'하며 본색을 드러냈더라면 분위기는 금방 '싸~' 했을 것이다. 시니어세대를 배려하고 위로하기 위해 마련한 풍자 무대였으므로 재미있게 웃어넘긴 주말코미디프로그램이었다.

비록 '평생웬쑤'라는 말이 어쩌다 회자됐고 '부부는 살면서 닮는다'는 말도 오래전부터 전해오고 있지만 성격도 가치관도 서로 다른 두 사람의 만남이 부부라는 이유만으로 어찌 같을 수 있겠는가? 이는 영원히 풀 수 없는 아니 풀리지 않는 인류의 끝없는 숙제인지도 모른다. 하지만 잠시 다른 시각으로 접근해 보면, 여기 사각형과 육각형주사위 두 개가 있다 가정하고 이를 반복적으로 계속 부딪치게 하면 어떻게 될까? 결국엔 서로의 각(角)이 조금씩 마모될 것이고, 둘 다 동그란 모양에 가까워지면서 그렇게 서로가 닮은꼴이 될 것이다.

결과는 쌍방의 마모현상이다. 이를 이(理)과의 눈으로 보면 '마모'라 하겠지만 문(文)과적 사고로 표현하면 '배려'가 아닐까? 그러므로 부부란 배려 속에 자신의 각을 조금씩 마모시켜 나가는 과정이며, 부부 문제는 결국 각과 각의 부딪침 현상이라 할 것이고 그렇게 닮아가는 과정이 곧 부부관계일 것이다. 그래서일까 심지어 '부부는 흉보면서 닮는다'라는 역설도 전설처럼 전해 오고 있지 않은가?

부부 문제는 애오라지 일차방정식이 아닌 것 같다. 오죽하면 '부부싸움은 칼로 물 베기'라는 또 다른 속설까지 존재할까. 지금이 조선조 봉건시대도 아닌데 그 말을 곧이 곧 대로 믿을 사람이 어디 있으며, 그런 속설로 두루뭉술 넘길 수도 없을 것이다. 그렇다면 과거와 현재의 인식엔 무엇이 달라진 걸까?

위의 속설 중에 물의 입장과 칼의 입장을 달리 생각해 보면, 전에는 대충 수직적이었던 반면 요즘은 서로 다른 인격체 즉 수평적으로 보고 있어 칼에 잘린 물과 달리, 물에 자주 닿은 칼은 결국 녹슬기 마련이라는 얘기가 된다.

그래서 별것 아닌 듯 은근슬쩍 넘길 수 있었던 예전의 부부문제들이 요즘 들어 날이 갈수록 심각해지고 있음을 부인할 수가 없다. 그중 제일은 말이 비수가 되어 가슴에 못을 박는 경우일 텐데 결코 해서는 아니되는 말이 있다. '못'은 오직 한 점, 벽에 박을 때만 써야 한다.

최근 인터넷 「사람 사전」에서 부부에 관한 이야기를 소재로 삼은 걸 의미 깊게 읽어 본 적이 있다. 부부를 일러

한 글자로 표현하면 '짝'이고 두 글자로는 '여보'일 것이며 세 글자로 쓰면 '반려자'가 좋겠지만 네 글자로 표현하면 '일심동체'가 제격이라면서 만약 다섯 글자로 늘린다면 '평생동반자' 외 다른 표현이 있겠느냐고 설명하고 있다. 그런데 거기서 끝나지 않고 마음껏 표현해 보라 한다면 '당신이 그랬다면 그럴만한 이유가 있었겠지'라고 했다는데 자그마치 열여덟 글자다.

아무리 화성에서 온 남자와 금성에서 온 여자라 할지라도 위와 같은 마음가짐이라면 더 이상 무슨 말이 필요할까? 그 어떤 부부라도 '열여덟 글자'앞에 누가 감히 이러쿵저러쿵 까탈을 부린단 말인가? "당신이 그랬다면 그럴만한 이유가 있었겠지" 다시 생각해 보아도 과연 명언(名言)이다.

아까부터 알길 없이 입을 닫고 있는 아내에게 '열여덟 글자'로 마음을 건네 봐야겠다. 그런데 돌아올 대답이 '여보 내가 좀 심했나?' 해 준다면 참 좋으련만…, 만에 하나 혹여 '당신 어디 아파?'라든지 '왜 그러는데?'라며 냉랭한 채 무표정하게 되받으면 어찌할까? 지레 궁금하다. 아니 걱정이다. 하지만 망설이지 말고 시도해볼 일이다. 왜냐하면 앞으로 이런 기회도 그리 많지 않을 테니까!

추억의 라면

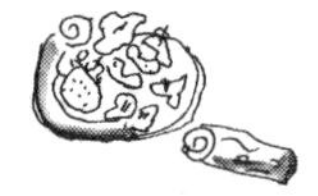

서울근교 북한산에서 야영과 취사가 자유스러웠던 시절이 있었다. 인수봉에 자일을 걸고 한바탕 땀을 흘리고 나면 버너부터 살려 김치와 참치를 대충 넣고 끓인 라면으로 허기를 달래곤 했는데, 너무 맛있어 반찬은 꺼낼 필요도 없었다. 텐트를 설치하고 나면 "기타~줄~에 실~은 사랑~" 노래와 함께 배낭 속에서 비장의 카드가 나오고 병뚜껑에 한 모금씩 돌려 마시며 역시 이게 최고야~! 하고 감탄을 했다. 기억도 생생한 국산 양주 '캡틴큐'였다. 안주로 즐겼던 생라면의 바삭하고 고소한 맛을 나는 지금도 잊을 수가 없다. 밤을 지새며 자유, 정의, 진리를 논하다 보면 동녘에 먼동이 텄고 그제서야 "이제 잠 좀 자자." 했었다. 그 후 그 라면은 실크로드와 히말라야를 넘고, 안데스와 킬리만자로까지 동행하며 고된 여정을 달래주곤 했다.

'라면'은 1958년에 최초의 인스턴트식품으로 상품화됐다는데 전(戰)후 먹을 게 부족했던 일본인들에게 간단히 한 끼를 때울 수 있어 인기만점이었다고 한다.

그런 소문이 현해탄을 건너 1960년쯤 (주)삼양식품에서 완제품을 직수입했으나 일본 라멘의 맛과 향이 우리 입맛에 맞지 않아 크게 실패하면서 회사경영에까지 타격을 미쳤다고 한다. 때마침 쌀 생산 부족으로 식량난에 허덕이던 우리 정부가 '범국민 혼분식장려정책'까지 발표하며 갖가지 묘안을 찾던 중 산업 시찰에 나선 당시 박정희 대통령이 삼양공장에 들러 한국인의 얼큰한 입맛을 상기함으로써 새로이 개발해 출시된 국산 '삼양라면'이 공전의 히트를 치면서 회사도 살고, 시민들에겐 새로운 먹거리로서 값싸고 간편해서 좋았던 옛 추억이 어느새 반백년이 흐른 한 시대의 과거사가 되었다.

1960년대 초 GNP 70달러의 우리나라가 가난에서 벗어나자는 '새마을운동'에 온 국민이 동참했고, 기업체대표를 위한 공장새마을교육에 참가한 (주)롯데 신(辛)사장이 김준 원장님의 특강 시간에 '한민족의 농심(農心)사상'을 듣고, 그 심오한 뜻에 감탄한 나머지 그 의미를 신제품에 새겨 출시한 첫 번째 제품이 롯데 '농심라면'이었고 그 후 매운맛을 강조한 농심 '신(辛)라면'에 이르렀다는 비화(?)도 전해지고 있다.

오늘날 Made in Korea의 라면이 전세계의 코리안수퍼마켓에 진출해 있음은 물론 대한항공 기내식과 해외유명골프장클럽이나 유럽 알프스산장에서도 맛을 볼 수 있으며, 아프리카의 굶주린 어린이들에게 허기를 달래주고도 있다.

2021년 통계에 의하면 세계인이 일년 동안에 소비한 라면은 1166억 개이고 그중 약 41억 개가 한국에서 소비됐다면서, 한국인 1인당 연간 라면소비량은 79.7개로 1위이며 온 국민이 일주일에 한 개 이상을 먹은 셈이라고 한다. 그러고 보니 국내산 라면의 종류도 셀 수 없이 많다. 삼양라면, 안성탕면, 농심 너구리, 오뚜기 진라면, 리얼치즈라면, 진짬뽕, 김치라면, 불닭볶음라면, 오징어 짬뽕, 팔도 비빔면 등 게다가 끓는 물만 부어 간편히 먹을 수 있는 짜왕 컵라면에 육개장 사발면과 왕뚜껑까지….

이런 라면을 요리라고 하기에는 2% 부족하지만 그러나 이제 한국음식의 한 축이 된 것만은 현실이 되었다. 우리

음식 귀한 외국에 나가보면 더욱 그렇다. 요즘 들어 다이어트와 건강의 주적이라며 호들갑을 떨면서도 라면의 인기는 여전히 상승 무드다. 얼마 전에 본 영화 '봄날은 간다'에서 여주인공은 집에까지 바래다준 남자친구에게 "라면 먹고 갈래?" 하며 차마 드러내지 못한 사랑의 속내를 은근히 라면에 빗대어 대신하기도 했다.

그렇다고 라면을 무조건 예찬하기에는 아직 한계를 느낀다. 왜냐하면 그 태생이 인스턴트 대용식이라 결코 우리들에게 밥을 대신해 주진 못하기 때문이다. 그렇다고 건강식품으로 대접하기도 곤란하다. 대개가 상차림을 꺼려하는 사람들이 손쉽고 간편하게 허기를 달래는데 이만한 게 없음은 주지의 사실이 되었다. 따라서 별미일 땐 원더풀 '환대' 받지만, 주식일 경우 다소 '천대' 받고 있는 라면! 밥(飯)만한 주식으로 일관성 지속성 보편성이 약하다는 게 다만 아쉬울 뿐인 '추억의 라면'이다.

이삿짐

마포에서 일산으로 이사를 했다. 길일(吉日)이라고 소문난 주말이어서 그런지 이사하는 집이 많았다. 예상보다 늦어졌고 그날은 도리 없이 소파에서 잤다. 다음날 아침 몸은 천근만근이고 입안은 소태를 씹은 듯했다. 정리가 덜된 서재를 물끄러미 쳐다보고 있는데 아내의 첫마디는 '굿 모닝' 대신 어깨를 내밀며 "나 여기 파스 좀…."이었다.

더위와 함께 이삿짐을 챙겨본다는 건 중노동 그 이상이었다. 버릴 것을 가려내야 옮길 짐이 윤곽을 드러낼 텐데 삼십여 년 살아온 단독주택 여기저기에서 세간이며 잡다한 물건들이 계속 꼬리를 문다. 내심 물건에 대한 욕심이 없다고 자부했었는데 그게 아니었던 모양이다.

"이 물건들 때문에 집안이 그렇게 좁았었나 봐."

아내의 한마디가 귓전을 울렸다. 알게 모르게 쌓인 물건들이 그토록 공간을 많이 차지하고 있었을 줄이야? 가구를 포함해 큰맘 먹고 덜어낸 짐들이 한 차(車)반이나 되었다. 바쁘다며 무심코 지내온 일상의 상념들도 이참에 절반쯤 덜어 보자며 아내와 눈약속을 했다.

웬만큼 정리를 했으니 이삿짐을 바리바리 신지 않아도 거뜬히 출발할 줄 알았다. 그런데 아침 6시부터 부지런을 떨며 짐을 싣고 30여 년의 터를 떠나기까지 정오를 넘기더니 짜장면으로 점심을 때우고 502호 새집에 물건을 모두 올려놓았을 땐 12시간이 경과한 뒤였다.

포장이사를 했음에도 뒤 손길은 여전히 필요했으며 옷장의 옷은 정도가 더 심했다. "여보 이거 버리자고 했던 것 아냐?" "아니 이게 왜 딸려왔지?" 신혼처럼 살아보자던 새집에서의 기대는 멀어져만 가고 다시 버리자거니, 그건 올겨울에 저것은 내년 봄에 꼭 필요한 것이라며 말만 오갈 뿐 일이 손에 잡히지 않았다. 이사 다니는데 이골이 났다는 선배의 이야기가 자꾸 귓전에서 맴돌았다.

"이사란 돈 들여 실어가고, 돈 얹어 버리는 거야."

아무리 보아도 성냥갑 같은 아파트의 특성상 전체적인 양(量)을 줄이지 않고는 단독주택에서처럼 적당히 정리가 되지 않았다. 어렵게 여기까지 온 짐인데 아니 옷가지 하나 세간 하나에 구구절절 사연 없는 게 없는데, 넣고 또 넣으면 서랍이 닫히지 않고 그도 저도 아니면 방 하나를 창고로 용도변경 해야 할 판이었다.

돌이켜 보니 버리면 절대 안 될 것 같은 것을 버렸을 때 실제로 그 후 아무 문제도 일어나지 않았었다. 아이들의 책만 해도 그랬다. 유학을 떠나면서 '절대보관'이라고 빨간딱지를 붙여놓은 사과상자가 열 개도 더 됐었다. 5년쯤 지났을까 도배장판을 하면서 모교도서관으로 몽땅 실어다 주었다. 그리고 지금껏 탈이 없다. 애지중지했던 장서와 소품들 역시 언젠가 꼭 다시 쓸 것이고 이보다 더 좋은 게 또 있으랴 싶었지만 그 '언젠가'는 다시 오지 않았다. 언제나 갖고 싶은 것들이 미리 기다리고 있기 때문이다.

다시 팔을 걷어붙였다. 남은 짐을 어떻게 정리해야 줄일 수 있을까 고민하면서 불필요한 물건을 찾느라 애를 썼지만 도무지 성과는 오르지 않고 애꿎은 땀만 흘렸다. 그러던 중 그렇지 역발상은 이런 때 필요한 거야. "여보, 우리 필요한 것만 먼저 챙겨보자." 했다.

아내의 속내는 알길 없었으나 그렇게 해봤더니 확실히

짐도 줄어들고 일의 진척도 빨랐다. 그것은 분명 소중한 것을 더 소중하게 만든 진짜 소중한 대 반전이었다. 왜냐하면 이래저래 버리지 못하고 계속 끌고 다니며 쌓아두는 것보다는 눈 딱 감고 덜어냄으로써 '재활용'을 통해 그 또한 소중한 물건으로 재탄생할 것이기 때문이다.

오늘이라는 현재가 가장 소중하고 그래서 지금 이 공간이 더욱 귀하게 빛나야 함도 새삼스러웠다. 그렇기 때문에 이 순간 이 자리를 값지고 빛나게 하기 위해서는 한정된 공간이 빛나는 물건으로 필요한 만큼만 있어야 한다. 빛나지 않은 물건이 쌓이면 모두가 빛을 잃고 만다.

구름이 해를 가려줬던 그날 일기도 고마웠고, 묵은 것을 털어낸 자리에 대신 넉넉한 마음을 들일 수 있어 감사했다. "여보 머잖아 우리 집도 확~ 넓어진 공간이 번쩍번쩍 빛나겠지?" 그리고 "이번이 설마 마지막 이사 아니겠어?" 했더니 그제야 아내 얼굴에 꽃물이 드는 듯했다.

내 생애 최고의 날

손자 받으러 간다며 아내가 두어 달씩 집을 비운 게 엊그제 같은데 그때 밴쿠버에서 태어난 아이가 어느새 노스밴 하이스쿨 11학년(우리나라高2)이 되었고 RMC(사관학교) 진학을 꿈꾸며 생도 지망생 특별연수를 떠났다. 그리고 4주후 나에게 뜻밖의 소식이 날아들었다. 6주훈련 수료식 전야제에 국악 한판을 연주해달라는 부탁이었다.

여름 한철 밴쿠버에 머무는 동안 녀석에게 한국사(史)를 이야기하면서 틈틈이 민요와 북, 장구도 가르쳐 주었었다. 캐나다 태생임에도 잘 따라주는 게 신통하여 너무 열심히 한 게 탈이었을까. 이웃에 사는 닥터 윌리엄으로부터 조용히 해달라는 말을 듣기도 했다. 그렇게 배운 아리랑과 함께 설장구 62가락을 할아버지 모시고 380명 예비생도 앞에서 발표하기로 약속했으니 꼭 와달라는 간청이었다.

녀석이 머물고 있는 빅토리아 RMC트레이닝캠프는 태평양연안의 아름다운 해안가였다. 거기 세계의 청소년들 가운데 손주녀석이 함께하고 있다는 사실만으로도 이렇게 가슴이 뿌듯할 수가 없다. 참가자들은 유럽계, 아시아계, 라틴계 등 다양했다.

더욱 놀라운 것은 RMC진학을 원하는 청소년이라면 주니어에서 하이스쿨에 이르기까지 학기 중 주말엔 카뎃(Cadet)을, 방학 때는 특별연수에 참가하여 스스로 중간적성평가를 받고 있다는 사실이었다. 단 한 번의 예비고사가 대학진학에 막대한 영향을 미치고 있는 한국의 대학입시현실과 달라도 너무 다른 모습이 놀랍기만 했다.

실내체육관은 어수선했다. 시끄럽고 질서도 없어 보였다. 그러나 행사시작을 알리자 전혀 달랐다. 90분 동안의 레크리에이션을 겸한 수료식 전야제 갈라파티는 마치 지구촌축제인 양 이방인을 어리둥절하게 했다. 노래와 춤과 악기 연주와 팬터마임까지 저마다의 끼를 아낌없이 뿜어내는 모습들이 싱그럽고 풋풋하다.

드디어 우리 차례가 왔다. 옷 주름이 빳빳한 제복의 손자와 개량한복 차림의 할아버지가 장구와 북을 들고 입장하자 장내가 갑자기 조용해졌다. 한국민속예술을 가르쳐준 스승이 곧 할아버지라 소개한 다음 '설장구' 연주에 이어 '아리랑'으로 마무리하자 박수와 함께 KOERA를 연호하며 엄지 척을 날려줄 땐 목이 메이기도 했다. "Thank You" 대신 "감사합니다"라는 우리말로 답해주었다.

모국어를 모르거나 모국어가 아예 없어진 나라에서 이민 온 학생들은 영어에만 의존하고 있었다. 물론 영어만 잘하면 문제야 없겠지만 자기의 모국어(母國語)를 말할 수 없다면 그것 또한 은연중 마이너스요인으로 작용하겠구나 싶은 생각이 들자 인사말에서 내게 한국을 소개하라 해놓고 녀석이 통역을 한 다음 이 모두의 가르침이 바로 우리 할아버지였다고 공(功)을 넘겨 추켜세울 줄도 알다니 철든 손자가 대견하고 고마웠다.

우리들의 학창 시절엔 문(文)과는 영어, 이(理)과는 독어, 예(藝)과는 불어가 대세였고 선택과목이라야 스페인어와 라틴어 정도였다. 당시 교환교수 한 분은 논문을 자기 나라모국어 대신 영어로 프린트한 것에 대해 몹시 아쉬워했던 기억이 새삼스럽다. 문화와 언어를 생각하면 스위스 여행에서 느꼈던 감회를 잊을 수가 없다. 스위스 하면 선

진국이지만 자국의 언어와 문자를 잃어버렸기 때문에 과거 독일문화권에서 신음하다 그 후 프랑스문화권으로 바뀌었고 지금은 영어문화권에 속해있지 않은가?

아시아권이라고 다를 바가 없다. 대만사람들도 자기네 언어가 있었지만 문자로 계승하지 못해 오늘날 중국문화권에 속한 반면 긴 역사의 소용돌이 속에서 언어도 문자도 다 빼앗겼던 몽골이 지금 잃어버린 제국의 전통문화를 되살리기 위해 절치부심 애쓰고 있는 모습이 울란바토르에서 체감했던 그들의 간절함이었다.

동물과 달리 인간은 생각을 전달하는 말과 글을 갖고 있다. 수많은 인종만큼이나 언어의 종류도 다양했으나 지금은 많이 소멸됐고 앞으로 더 빨리 사라질 거라고 한다. 매스미디어의 발달이 원인이기도 하지만 강대국들의 무한팽창이 더 큰 요인으로 점쳐지고 있다. 만약 우리에게 한글과 우리말이 없었더라면 어찌되었을까? 상상하기조차 끔찍스러운 가정이다. 거친 역사의 질곡에도 굳건히 버텨온 우리의 소중하고 값진 말과 글과 문화예술이 오늘따라 이렇게 고마울 수가 없다.

그 우리말을 영어하듯 영어를 우리말 하듯 거침없이 구사하고 있는 손자와 함께 RMC썸머 트레이닝 6주수료식 전야제 갈라파티에서 최고인기상(賞)이 주어지던 순간 하마터면 만세를 부를 뻔했다. 녀석의 '장구 솜씨'도 이색적이었지만 우리 민요 'Arirang'에 대한 장내의 반응에 뜨거운 전율을 느끼며 손주의 손을 번쩍 들고 "감사합니다 여러분~"을 아마 세 번은 외친 것 같다.

얼굴빛이 다양한 청소년들이 몰려와 어눌한 우리말로 "캄싸~캄싸~ 하라부찌~원더풀"을 더듬거리며 셀카를 들이댈 땐 '내 생애 최고의 날'이 오늘인가 싶어 마치 올림픽 금메달리스트가 시상대 가장 높은 자리에 오른 듯 벅찬 감동이었다. 녀석이 고맙고 온 가족이 기쁘고 범사에 감사할 뿐 더 바랄 게 없다.

2.

갈, 겨울

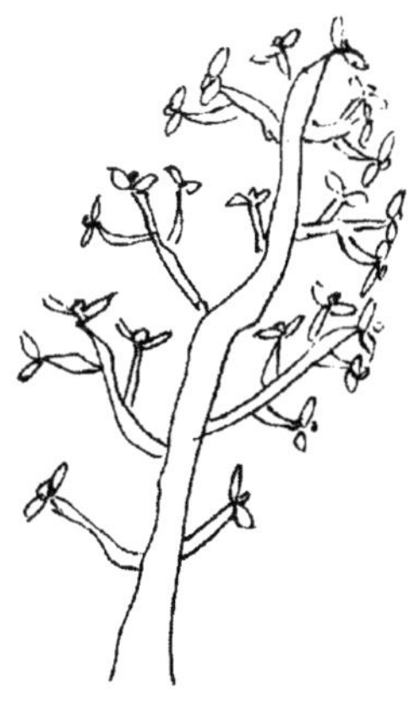

신부님 영전에

맑은 하늘에 춥지도 덥지도 않은 참 좋은 가을날, 예수회센터성당에서 성부와 성자와 성령의 이름으로 예수회장(葬)이 엄수되었다. 78세의 아쉬운 나이에 선종(善終)하신 박홍(朴弘) 신부님의 장례미사였다. 사진 속 신부님은 언제나 그러하셨듯이 근엄하지만 인자하신 모습으로 '어서 오라 반갑다' 하신다. 살아생전 서강대학교 총장실에서처럼….

신부님은 가톨릭대학교를 졸업하고 미국에서 영성 신학으로 석사를 마친 다음 로마 그레고리안 대학으로 유학하여 박사학위를 하는 동안 어렵고 힘들었지만 그래도 학창시절이 행복하였다고 젊은 날을 이야기할 땐 어린이를 닮은 듯 천진했다. 그리고 일찍부터 가톨릭예수회와 함께하며 1970년에 서강대학교 교수로 부임한 후 총장

(1989~1997)을 거쳐 이사장(2003~2008)으로 재직하며 일생을 신앙과 교육에 헌신한 사제 겸 교육자였다. 민주화를 외치던 지난날 신촌로터리에서 일어났던 시대적 혼란의 현장을 몸소 겪으면서 마포(麻浦)사회와도 뗄 수 없는 인연이 되어 함께 울고 같이 웃었던 기억들이 주마등처럼 스친다.

신부님은 이미 1970~80년대 민주화운동의 대부였던 지학순 주교와 뜻을 함께하면서 사회와 여론의 이목을 받았고 학교에서는 학생들과 격의 없이 대화하는 '막걸리 총장'으로 소문이 나 있었다. 1991년 대학생들의 학생운동에 분신자살이 이어지자 이를 우려한 신부님은 "지금 우리사회에 어둠의 세력이 있다."고 감히 폭탄(?)발언을 해 세상을 놀라게 했다.

1994년에는 "대학캠퍼스 안에 주사파와 사회주의적 인식이 늘고 있다."면서 발언 수위를 높였고 날이 갈수록 시국이 더 어수선해지자 당시 김영삼 대통령과 전국주요대학총장이 모인 청와대 오찬에서 "대학캠퍼스에도 사노맹이 있다." 심지어 "북한의 장학금까지 침투하고 있어 문제가 심각하다."고 직언을 서슴지 않아 '극우 사제'라는 지탄을 받기도 했다. 지나간 이야기지만 그때는 너무 답답한 나머지 그냥 웃을 수밖에 없었다고 술회하신 적도 있다.

신부님이 위와 같은 직언(直言)을 서슴지 않았음은 행동하는 양심이요 미래를 꿰뚫어 본 탁월한 혜안이었음이 분명하다. 우리 모두가 '지금 안 것을 그때 깨달았더라면' 온 나라가 이토록 어수선하지는 않았을 텐데 안타까움이 크다. 님이시여! 비록 천국에 계시더라도 이 땅의 어진 백성들이 더 이상의 혼돈과 방황 없이 자유롭고 공정한 사회에서 모두가 정의롭게 살아갈 수 있도록 도와주시길 간절히 기도해 본다.

장례미사가 끝나고 '잘 있게나' 하며 손이라도 잡아줄 듯 평온한 모습의 영정이 우리 곁을 지나는 동안 머릿속이 하얘지고 말았다. 언젠가 사제관에서 "그래도 그때 주사파의 실체를 밝힌 건 잘한 일이었다."고 회고하면서도 그러나 혼란스러운 요즘 현실이 안타까운 듯 물끄러미 창밖을 내다보시던 모습이 영정과 함께 자꾸만 멀어져간다.

신부님과의 인연은 『마포연감』 발행을 위한 편찬위원으로 서강대학교 총장실을 노크한 거였고 그 후 아이들 교육문제와 「5부자 라이브 인 USA」를 기획하고 다섯 부자(父子)가 북미대륙을 횡단한 다음 1년여 동안 원고를 정리하면서 신부님보다는 선생님으로서 허물없이 가르침을 받은 건 더 없는 행운이요 영광이었다. 인연이 그렇게 쌓이면서 가끔씩 차(茶) 한 잔의 담소로 이야기꽃을 피워본 게 엊그제 같은데 이렇게 홀연히 떠나시다니….

성경말씀과 더불어 삶을 논하며 시국 이야기 등 때로는 심각하고 혹은 진지했으나 그러면서도 매우 자유로웠던 신부님이었는데 정년으로 캠퍼스를 떠나신 다음 차(茶)담 시간의 기회들도 소원해지고 말았다. 그리고 오늘 송구한 마음으로 장례미사를 드리고 있음이 못내 죄(罪)스럽기만 하다. '몸이 멀어지면 정도 멀어진다'던 옛말을 왜 더 일찍 깨닫지 못했을까? 아니 그 말이 가슴에 사무쳐 이토록 마음을 아프게 할 줄을 왜 진즉 몰랐을까? 엎드려 용서를 빌어 보지만 후회막급이다.

"…참 좋으신 신부님! 깊은 감사와 속죄의 마음으로 머리를 숙입니다. 천사들이여! 영혼을 받들어 천상의 낙원으로 인도하시고 더 높이 영접하시어 맑고 가난했던 나자로와 함께 영원한 안식을 누리게 하소서."

마라톤

학창 시절 등산학교 현장실습으로 하계 수련캠프와 동계 야영훈련을 위하여 설악을 오르고 백두대간을 벗하며 강원도와 친해졌고 올핸 춘천에 다녀왔다.

도쿄올림픽조차 Covid19 팬데믹으로 연기된 상황에서 취소될 뻔했던 2020춘천마라톤대회에 가까스로 함께한 것이다. 호반의 도시에 곱게 물든 단풍이 물그림자를 드리운 42.195풀코스는 세계 어느 나라 코스보다 훌륭하기로 소문난 명소다. 알록달록 예쁜 유니폼의 참가자들이 울긋불긋한 단풍과 어울린 레이스는 참으로 멋진 풍경이다. 선두 그룹의 에이스에 이어 엘리트와 동호인 다음으로 어린이를 동반한 가족과 희고 검고 노란 외국인들 그리고 손에 손잡고 땀이 흥건한 장애인도 한몫하고 있다.

이보다 더 아름다운 한 폭의 그림이 또 있을까?

그 어느 때보다 조심스러운 행사였음에도 참가자의 56%가 20~30대였다는 사실은 놀라운 변화이며 매우 희망적이라는 게 종합 평가다. 지금까지 마라톤을 '아재 운동'쯤으로 여겼던 걸 생각하면 MZ세대가 대거 동참한 것은 이들이 으뜸으로 여기는 '공정의 가치'와도 무관치 않은 것 같다. 학벌, 지위, 출신, ○○찬스 등 그 어떤 것에 구애됨 없이 오직 각자의 앱(App)이 결과를 말해주고 있기 때문이다.

나의 마라톤이력은 미천하기 짝이 없다. 비록 '전구간 완주'라는 지상과제를 달성하지도 못했을 뿐더러, 스스로 정한 10킬로 단축마라톤 '1시간이내 주파'조차 6분초과라는 불명예(?)로 마감한 걸 생각하면 부끄럽기 짝이 없다. 그러나 누가 뭐라 해도 "마라톤을 진정 사랑했노라." 자부하고 싶다. 왜냐하면 스스로의 목표와 다짐을 강산(江山)이 열 번 바뀌면서도 끝내 변치 않아서이다. 추석 때 고향 '금산인삼(人蔘)축제' 피날레를 장식한 칠백의총까지의 10킬로 단축마라톤에서 장년부우수상을 차지한 건 두고두고 자랑스런 금메달이다.

달리기를 계속하면서 이 운동이 왜 영적(靈的)으로 언급

되고 있는지, 또 타인이 아닌 자신과의 싸움이라 했는지도 머리가 아닌 가슴으로 알게 되었고 운동 중에 공이나 기구 등 뭔가를 이용하지 않고 인체의 원초적인 동작으로 오로지 뛰는 데만 집중해야 하는 몰입의 순수함도 느껴보았다. 그래서일까 어느 시인은 마라톤을 '우리네 삶'으로 비유하면서, 고통과 환희의 순간을 넘나들며 한 발씩 내딛는 긴 여정이 마치 인생의 파노라마와 닮았기 때문이라고 했다.

뿐만 아니라 마라톤은 별도 의상이나 장비와 시설도 필요 없고 나아가 운(運)에 좌우되는 일도 없다. 축구경기에 골대 불운이 있고, 야구장에선 행운의 안타도 있으며, 아마추어 주말 골퍼가 홀인원을 맛보기도 하지만 풀코스를 4시간정도로 뛰는 초보 마라토너가 운 좋게 '서브 스리(3시간 이내 골인)'할 순 없다. 그래서일까 모든 스포츠 가운데 공정성이 가장 높다고들 이구동성이다.

가정에서 TV중계로 마라톤경주를 시청할 경우는 대부분 선두그룹에 초점을 맞추고 1등이 골인하면 이내 채널을 돌리기 일쑤다. 하지만 마라톤을 사랑하는 마음으로 계속 함께하고 있으면 별의별 상황들을 접하면서 인생 스토리까지 읽을 수 있어 재미가 두 배다. 단란한 가족, 다정한 연인, 발랄한 청춘, 해맑은 장애인, 귀염둥이 펭수와 뽀로로 등 모두가 하나같이 소중한 주인공들이 짜릿한 희망과 보람을 안겨준다.

뿐만 아니라 수년째 자기 기록에 도전하는 열성파와 이색 분장을 하고 인생 샷을 찍는 연기파에 무언가를 중얼대는 낭만파도 한몫하고 세상만사 느긋한 아재파, 어디 그뿐인가 꼴찌도 좋다며 완주가 목표인 순정파도 있다. 게다가 구간마다 이들을 응원하며 성원하고 있는 춘천의 인심과 자원봉사자들의 미소까지 모든 이들이 함께 즐기는 행복 가득 감성 한 마당! 요행 없는 맨몸의 신나는 경연! 선수, 심판, 스텝, 관중까지 모두가 각자의 성취를 스스로 이루는 축제의 장(場)! 최후의 일각까지 희망을 향해 한 발 두 발 내딛는 러너들의 진솔한 레이스처럼 마라톤을 닮은 공정한 사회, 건강한 세상을 '꿈' 꿔본다.

박수, 앙코르, 추임새

배낭여행은 간편 여행이기도 하여 돈, 시간, 짐, 체력 등 줄이고 아껴야할 게 한두 가지가 아니다. 빠듯한 일정과 경비를 생각하면 무리지만 어떤 경우에는 헤어날 수 없는 유혹에 끌려 사고(?)를 칠 때도 있다. 이탈리아에서 폼페이와 소렌토를 돌아보고 나오던 길에 들른 나폴리에서의 일탈은 대형사고였지만 그래도 탁월한 선택이었다.

오페라의 본고장 이탈리아에서 맛본 아리아공연관람이 그거였다. 꽤나 비싼 입장료 때문에 매표소 앞에서 서성거리긴 했지만 결론은 그 돈이 전혀 아깝지 않았다는 얘기다. 익히 잘 아는 내용이었음에도 감회가 남달랐음은 표현할 길이 없다. 특히 공연이 끝났을 때의 행동들이 너무나 의외였던 게 가관이었다. 막이 내려지자 엄청난 박수와 함께 '브라보~!'가 터져 나오고 마치 친구를 대하듯 배우들의 이름을 부르며 환호하는가 하면 아예 극중 대사처럼 "나폴리는 당신을 사랑해~!" "마르타여, 당신은 진정한 우리의 보물이야." 하며 산 카를로 극장이 떠나갈 듯 소리를 지른다. 그런데 그게 전혀 어색하거나 촌스럽지 않았기에 그들의 분위기에 따라 나도 덩달아 큰소리로 "브라보~!"를 연호했던 기억이 새삼스럽다. 숨김없는 감정을 마음껏 표출하던 그때 그들의 모습이 지금도 눈에 선하다.

그런가 하면 독일에서의 또 다른 경험은 조금 달랐다. 그들은 연주가 끝났는데도 대체로 차분하고 근엄하기까지 했다. 이탈리아사람들이 소리로 외치던 것을 그들은 박수로 대신하고 있었다. 박수도 리듬을 넣어가며 숨 돌릴 틈 없이 화답하는 분위기였다. 더 기가 막힌 것은 그게 끝이 아니고 구둣발을 마구 구르는데 깜짝 놀라지 않을 수 없었다. 커튼~콜이 진행되는 동안 모두가 마음껏 발을 굴렀기 때문이다. 극장 바닥이 나무 재질이었던 아카데미하우스에서의 앙코르를 생각하면 지금도 전율을 느낀다.

공연이 끝나고 박수와 환호에 화답하여 앙코르를 선사하는 게 보통이었으나 그와 반대인 공연도 있었는데 계속

된 박수에도 불구하고 앙코르 없이 마무리 되는 걸 보았기 때문이다. 그런 경우는 무슨 연유였을까 궁금해 했더니 첫째는 연습한 만큼 연주가 만족스럽지 못했을 때와 말러의 교향곡처럼 난이도가 너무 높은 작품을 어렵사리 연주했을 경우라고 일러준다.

하지만 우리의 '판소리'나 '마당놀이'의 경우는 공연 중 숨죽이며 들어야 하는 서양의 오페라와 달리 객석으로부터 '추임새'가 없으면 오히려 무대에 설 맛조차 없다고까지 말하고 있다. 그런가 하면 '사물놀이'의 경우는 연주가 끝나고 난 다음 왜 앙코르를 받지 않고 있을까?

풍물가락은 대개가 내고, 달구고, 굴리고, 맺는 형식으로 짜여있다. 도입부의 내는 가락은 허허실실이지만 이를 힘껏 달구고 천둥 벼락에 태산이 무너지듯 굴릴 때의 치배(공연자)들 가슴팍은 그 몇 배나 더 고동을 친다. 그리고 맺음으로 넘어가면 상·부쇠의 짝드림 놀이가 운우지정의 천상화음인 양 감명, 공명, 신명에 이르러 무아경에 이른다. 이렇듯 혼신을 다한 연주가 끝나고 나면 무대와 객석은 하나같이 뜨거운 열광의 도가니에 빠지고 어떤 이는 '십 년 묵은 체증이 싹 가신 듯하다'고 소회를 털어 놓는가 하면 또 어떤 사람은 '이게 바로 한국인의 신명'이라며 눈물을 글썽이기도 한다. 미련 없이 진력을 다 뿜어낸 마당에 앙코르는 사치에 불과할 뿐이 아니겠느냐는 얘기다. 상식의 경험으로 보면 말러의 교향곡연주에 비견하고도 남을 일이기에 두말할 나위가 없는 대목이다.

우리는 이탈리아와 비슷한 반도 국가라 다혈질인 국민성이 비슷하다고들 말하고 있다. 그래서일까 공연이나 객석분위기에 있어 열광적인 매너로 널리 정평이 나있다. 언젠가 세종문화회관이 차고 넘쳤던 소프라노 안나 네트렙코의 열창 무대가 끝나고 그는 "이런 분위기라면 밤새워 노래해도 좋겠다."며 관객의 박수와 열광에 감격했었다. 서울을 찾은 연주자들이 유독 앙코르에 후한 것 또한 한국인의 뜨거운 객석 분위기 덕분이라는 게 이구동성이다. 박수든 앙코르든 추임새든 공연이란 결국 무대에 오른 연주자와 객석을 메운 관객이 함께 호흡하며 이뤄내는 종합예술이기에 모두가 하나인 셈이다.

단풍 잔치

막내와 단둘이 등산을 하게 된 건 처음이다. 틈만 나면 가족 산행을 자주하는 편인데도 녀석은 그럴 때마다 이유가 많았다. 아직도 철부지인 데다 꽃미남도 아니면서 멋이나 부리고 출근하기를 더 좋아하는 편이라 1박 2일로 산에 가자고 했을 때 금방 따라 나서지 않았다.

단풍도 일품이고 산장에서 헤아려 보는 밤하늘의 별과 하산한 다음 동해 바다의 싱싱한 오징어회가 얼마나 기가 막힌가를 강조하며 지난봄부터 공들였었다.

한계령 마루에서 오르기 시작한 설악(雪嶽)은 바로 해발 1천 미터 고지를 밟을 수 있어 좋고 능선을 따라 넓은 시야로 사방을 굽어볼 수 있음은 덤으로 얻는 기쁨이다. 간밤에 입동(立冬)치를 하느라 눈발이 흩날렸는지 산봉우리가 희끗희끗하다. 얼마를 걸었을까, 벌써 내려오는 사람들이 가끔씩 지나가며 "반갑습니다. 힘내세요!" 한다.

물 한 모금에 다시 힘을 얻고 뚜벅뚜벅 발걸음을 옮겼더니 끝청, 중청, 대청에 이르러 더 이상 오를 곳이 없다. 그곳은 어느새 겨울 분위기가 물씬한데 희운각 산장 아래로 장관을 이룬 천불동 계곡은 가을단풍이 불바다를 이루고 있다.

그토록 뜨거웠던 여름 끝에 가을철이 있음은 매서운 겨울을 준비하라는 자연의 배려가 아니겠느냐고 녀석에게 넌지시 말을 걸었더니 "그거야 초등학교 상식문제 아닌가요?" 하며 되묻는다. 그렇다면 철 따라 나무들은 어떻게 변하고 봄에 피어 여름내 무성했던 이파리들은 이 가을에 무엇을 준비할까 했더니 땀을 훔치다 말고 그제야 눈치를 챈 듯 목이 마르다면서 물병을 찾는 척 괜히 부산을 떤다.

단풍은 여름 잎사귀들이 제 집을 떠나기에 앞서 한판 벌이는 작별의 축제라고 했다. 흐드러지게 잔치라도 한바탕 벌이면 가는 섭섭함에 조금 위안이 되는 모양이다.

사람이든 초목이든 자기가 머물렀던 자리를 떠나는 일에 어찌 아쉬움이 없을까마는 때가 되었음을 알고 고운 자태로 홀연히 물러나는 뒷모습은 더없이 아름답다. 그래서일까 단풍 잔치는 이렇게 바람이 차가우면 더욱 바빠진다.

때가 되어 계절에 변화가 오면 동장군은 어김없이 그 위세를 산 아래로 한 걸음씩 내려딛는다. 그런 줄도 모르고 철부지 이파리들이 가지에 그냥 매달려 있으면 어미나무는 모성(母性)본능으로 할 수 없이 기공(氣孔)을 열어 그나마 아껴야 할 수분마저 내주고 물 부족에 시달리다 못해 기운이 약해진다. 그래서 가을이 되면 가지에서 잎으로 가는 물길을 서서히 거두고 단풍을 곱게 가꾸어 떠나보낼 채비를 서두른다.

비정하다고 탓할지 모르지만 그것은 겨울을 나기 위한 최선의 생존지혜다. 제철에 제대로 물들지 못한 잎은 그래서 색감이나 모양새가 왠지 어설프다.

단풍이 진 나뭇가지를 가만히 들여다보면 그 속에 겨울눈[冬芽]이 도도록하게 숨겨져 있음도 볼 수 있다. 새봄에 틔워 낼 어린 새싹을 꼭꼭 감춰 두고 있는 모습이 대견하기까지 하다. 제 한 몸 겨울 채비에도 하루 볕이 모자랐을 텐데 어느 겨를에 다음세대의 새 생명까지 저토록 챙겨놓았는지 어미나무의 헤아릴 수 없는 조화에 감탄이 절로 난다. 아니 참으로 오묘한 자연의 섭리이다.

인간의 탄생을 봄이라고 한다면 아이가 어른으로 자람

은 여름의 성숙이요 하나의 가정을 새롭게 이룸은 가을의 결실과 다르지 않을 것이다. 나이가 들었음에도 부모 슬하에서 맴돌고 있으면 상투를 틀지 못한 댕기동자일 수밖에 없음은 우리 집도 마찬가지이다.

이따금씩 막내에게 '철부지'라 놀리면 서른 살 때만 해도 펄펄 뛰던 녀석이 요즘은 들은 척도 하지 않고 있다가 슬며시 자리를 뜬다. 말없이 돌아서는 눈빛이 '저도 다 압니다. 걱정 마세요!'라는 무언의 표정인 것 같아 그냥 웃고 만다.

어느새 서쪽 하늘이 노을에 빨갛다. 하얘진 귀밑머리까지 붉게 물들이려고 덤벼드는 것 같다. 이 단풍 잔치가 아비 곁을 떠나기에 앞서 녀석과 함께한 마지막 축제이길 바라며 꼭 안아본다. 따습다. 등 뒤로 바람이 쏴 하고 지나간다. 남아 있던 잎새들이 대지를 향해 하늘을 난다.

코로나와 트롯

저 지난해 연말 시작된 코로나19사태가 강산이 두 번 바뀌고 3년차임에도 오미크론 변이의 창궐로 다시 기승을 부리며 부스터 샷 백신방역조차 비웃고 있다. 해외여행의 급감으로 항공여객기가 의자를 뜯어내고 화물수송으로 운영비를 충당한다 하고, 음식점식사조차 넷 이상 모이지 말라며 단속에 나서고 있다. 국가비상방역대책으로 수차의 추경예산 수십 조 원을 긴급재난지원 했음에도 밤 9시에 영업을 종료해야 하는 자영업자와 소상공인들의 '살길이 막막하다'는 청와대청원이 끊이지 않고 있다.

되도록이면 나다니지 말라는 정부시책으로 집에 머무는 시간이 늘면서 대중가요 트롯(Trot)에 대하여 이해와 상식의 폭이 넓어진 것은 의외의 덤(?)이라고나 할까? 곰곰이 생각해 보면 오늘날의 대중음악이란 일제강점기의 '엥까'를 거치며 일반 가요로 변신해 신민요(新民謠)와 만요(漫謠), 창가(唱歌)로 불리다가 서구의 재즈풍(風)이 유입되면서 유행가로써 도롯도(트로트)가 토착화되었다고 전한다. 초창기의 시대상을 표현한 노랫말들이 일제에 빼앗겼던 우리말의 고유한 정서를 맘껏 표현한 결과였기에 기대이상의 호응을 얻었을 거라는 얘기다.

'희망가'와 '타향살이' '황성옛터' 등은 나라 잃은 슬픔을 빗대어 노래함으로써 동병상련의 울분을 당대의 작가 문인들이 대신 노랫말로 옮겼기에 문학적 형상화가 뛰어난 건 눈여겨볼 대목이다. 1950년대엔 전쟁과 피난의 고통이 사실적으로 반영되면서 "미아리 눈물고개/ 님이 넘던 이별고개/…"라든가 '전선야곡' '굳세어라 금순아' '이별의 부산 정거장' 등이 6·25동란의 아픔과 상처를 달래주기도 했다.

1960~70년대의 산업화 시대에는 향토적 가사와 도시의 정서가 공존하면서 '동백아가씨' '서귀포 70리' 등이 전(前)자라면, '서울의 찬가'와 '돌아가는 삼각지' '마포종점' 등은 서울을 중심으로 한 도시화라고 볼 수 있다. 얼마 후 "님이라는 글자에/ 점 하나를 찍으면/ 도로 남이 되는/

장난 같은 인생사/…" 하면서 제법 여유로움을 되찾으며 즐기려는 듯 풍자적인 노래들이 유행하기 시작했다.

그 후 해외여행의 자유화로 서구문물이 범람하자 '서태지와 아이들'의 '하여가'와 같은 낯설지만 신선한 노래들이 젊은이들을 휘어잡으며 '아이-돌'과 '걸-그룹'이 가요계를 평정함으로 트롯이 비주류로 잠시 밀리는 듯하였으나 2000년대 들어 "마주치는 눈빛이/ 무엇을 말하는지/ 난 아직 몰라/…" 했던 '짝사랑'과 "청춘을 돌려다오/ 젊음을 다오/…" 등 감미롭고 활기찬 노래들이 가요계를 누비며 "짠/ 짠/ 짠…" 신나는 리듬이 유행을 선도하였으니, 세상은 돌고 도는 물레방아를 닮았다고나 할까?

그런데 트롯의 노랫말이 차츰 단순, 직설화되면서 속어와 신조어까지 범람하게 되자 일부에서 '뽕짝' 운운하며 비하하기도 하였으나 이는 이해의 부족이 아닌가 싶다. 왜냐하면 트롯은 인생, 사랑, 우정, 효도, 그리움, 이별, 애증, 허무 등 삶의 주제들을 가림 없이 품고 있어 다양성이 무한한데 이를 너무 과소평가한 건 아닌지 해서이다.

이어 "연분홍 치마가 봄바람에/ 휘날리더라/…" 하며 '봄날은 간다' 허무함도 달래보고, "생각이 난다/ 홍시가 열리면/ 울 엄마가/ 생각이 난다/…"며 어머니에 대한 그리움을 절창도 하고, '막걸리 한 잔'에 아버지를 떠올리고 "아이야 뛰지 마라/ 배 꺼질라/…" 애달게 노래하며 '보릿고개' 힘든 시절도 회상(回想)하고 있다. 최근엔 트롯과 발라드 디바는 물론 통기타 레전드와도 한 무대에서 화음을 맞추고 뮤지컬스타들과 듀엣공연까지 하는 걸 보면, 얼마 전만 해도 상상조차 하지 못했던 조합이라 신기하기까지 하다.

우리는 지금 '깜깜이 코로나터널'을 지나고 있다. 하지만 '시작이 있으면 끝도 있는 법'이고 '그 또한 지나가리라' 하지 않았던가! 심히 힘들고 많이 우울할 땐 차라리 나훈아의 "아~테스형, 세상이 왜 이래…" 한 대목 구성지게 부르며 시리고 답답한 마음 시원하게 날려볼 일이다. 굳은 의지와 희망 앞에 아무리 혹독한 역병(?)이라 한들 오래 머물진 못할 걸 믿어 의심치 않는다. 힘든 이웃을 살피고 어려움을 함께 나눌 수 있는 마음을 가질 수 있다면 그게 곧 행복의 근원임을 우리는 잘 알고 있다. 복(福)이란 복 짓는 자의 몫이라고 했던가?

그린 읽기

모처럼 필드에 나갔다. 걷기운동은 물론 넓은 잔디밭이 가슴을 활짝 열어주는 것 같아 좋아서다. 오늘은 특별히 한 수 가르쳐 주겠다는 아들 내외를 따라 나섰다.

힘껏 공을 날리고 '굿~샷!'을 외쳤지만 하늘로 솟은 공은 내 의지와 달리 자주 엉뚱한 곳으로 날아갔고 그래서 공을 찾아 헤매는 경우가 많았다. 아무리 자식이지만 티칭만으로도 힘들 텐데 일일이 공까지 챙겨 줘야하는 상황들이 'I am sorry'다.

그런 모습이 내 처지임에도 아내 차례가 되면 한마디씩 거들기 일쑤다. 내 나름의 친절(?)이건만 고마워하기는커녕 썰렁한 분위기를 넘어 아내의 표정은 외려 마땅치 않은 눈치다. 그럴 땐 얼른 카트를 타자거나 조금 쉬었다가자고 해보지만 이미 심드렁해진 아내에겐 소용이 없다.

아이들 집에서 불과 20~30여분 거리에 퍼블릭CC가 둘이나 있고 비용도 C$20불(약2만원)이며 주중에는 예약 없이도 라운딩을 할 수 있으니 서울로 치면 볼링장이나 테니스코트에 가는 정도라고나 할까? 골프에 대한 인식과 환경에 요금까지 우리와 달라도 너무 다른 캐나다의 환경이 처음에는 신기하기까지 했다. 4명의 우리 팀도 우여곡절 끝에 마지막 꿈의 그린 9번홀 퍼팅 존에 섰다. 마치 US오픈 골프 결승 라인에 입성한 개선장군처럼~!

퍼팅 존에서는 너나없이 시간들을 많이 끈다. 웬만하면 한두 타(打)로 끝내고 싶지만 공은 홀을 비껴가기도 하고 가다 서기를 하며 내 뜻과는 영 다르게 굴러간다. 겨우 서너 발자국 짧은 거리인데 술술 좀 들어가 주면 얼마나 좋을까마는 결코 그런 일은 없다. 그러나 아내는 달랐다. 아니 그의 퍼팅 자세는 너무나 신중하여 답답하기까지 하다. 기다리다 못해 한마디 또 건네 보았으나 미동도 하지 않던 아내가 겨우 입을 연다.

"그린(Green)을 읽어야지요."

"……."

TV에서 가끔 보았던 유명 골퍼들의 그린 읽던 모습이

주마등처럼 스친다. 융단을 깔아 놓은 듯 결 고운 잔디이지만 막상 올라서면 멀리서 보기와는 사뭇 다르다. 마치 서로 부대끼면서 미운 정 고운 정을 엮어가며 사는 우리네 이웃들의 순탄치 않은 삶의 현장과 비슷하다고나 할까? 게다가 있는 듯 없는 듯 경사면이 숨겨진 곳에서는 더욱 마땅치 않다.

등산을 하다 보면 정상 직전에 꼭 난코스를 만나 땀을 더 흘리듯 골프도 마지막에 애를 태운다. 그러므로 공이 홀 컵 가까이에 붙었다 하여도 방심은 금물이다. 그래서 세계 최고의 선수들조차 그린을 살피고 읽느라 전후좌우에서 그렇게도 신중을 기했던가 보다. 108㎜의 홀(hole)을 향해 108번뇌라도 삭히려는 것일까? 작년 여름에 잠시 귀국했던 녀석이 한사코 동네 인도어골프연습장에 나가 스윙감각이라도 계속 익히기를 권했던 이유를 이제야 조금 알 것 같다.

CC마다 모든 그린이 다르듯 사람의 마음과 행동도 그러할 텐데 부부만은 서로 같을 것이라는 선입견과 착각(?) 속에서 너무 가벼이 살아온 건 아닌지 자꾸만 지나온 삶을 돌아보게 한다. 생각하면 아내와는 단지 부부의 연(緣)을 맺었을 뿐 태어나고 자람은 물론 어느 것 하나 같은

게 없지 않은가.

필드에서도 아내는 내가 생각하는 방향과는 달리 샷(Shot)을 날렸고 가끔씩 건넨 한마디는 오히려 잠시의 불편을 자초했을 뿐이다.

그린에서는 잔디의 결을 잘 읽는 게 우선이듯 우리네 삶에선 마음의 그린을 잘 챙겨볼 일이다. 형제나 아이들의 마음결은 어느 방향이며 친구와 이웃의 그린은 경사면이 어떤 상태일까? 등…. 나름 열심히 살아왔다고 자부하건만 그동안 나만의 벙커(Bunker)에서 주위를 힘들게 하지는 않았는지 아쉬움이 남는다.

언젠가 노(老)스님께서 법문(文)을 설(說)하시며 '하늘 아래 모든 인연(緣)은 무량(量)의 귀(貴)한 만남이며 업(業)이 아니더냐?'고 반문하시던 말씀이 떠오른다. 꽤나 오래 전에 들었던 말씀인데 오늘따라 그 말씀이 왜 이리 새록새록 새롭기만 할까?

상생의 소리

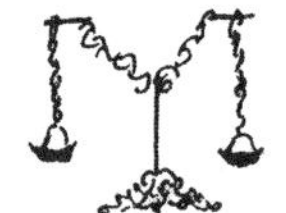

구청 대강당에서 '구민의 날 큰 잔치'가 있었다. 개막식과 공연 끝마무리의 하이라이트를 우리(국악사랑 휘모리)가 맡은 건 기쁨 반 두려움 반이었다. 가수, 연예인, 코미디언에 비보이까지 등장한 꽤나 큰 행사였다. 첫 순서가 우리 몫이라 몹시 긴장되었다. 왜냐하면 신명나는 연주로 장내 분위기를 푸지게 데워줘야 했기 때문이다.

기다리던 막이 오르고 열심히 준비한 '24인조 설장구'를 선보였다. 침착하게 연주한 덕분에 잘 마칠 수 있어 기뻤다. 문제는 마지막 무대를 장식한 '웃다리 칠채 한 마당'이었다. 잘 나가던 중간부 쌍진풀이에서 흥이 고조되자 '얼~쑤!' '그렇지~!' 하며 관중들이 박수와 환호를 터트렸다. 우리 가락 사물놀이는 언제 들어도 신명나는 신토

불이 전통풍물이기에 마음껏 흥을 돋우고자 무대에 올랐음이 당연한데도 예상 밖의 열띤 호응에 흥분을 참지 못하고 잠시 평상심이 흔들리면서 화음이 어긋났던 순간을 생각하면 지금도 등에서 땀이 솟는다.

흥겨웠던 1시간공연의 마무리를 더욱 멋지게 빛내 보려는 욕심이 과했던 탓이었을까. 팀 리더인 상쇠가 잠깐 흔들리고 말았던 것이다. 상장구 또한 기분이 좋다고 북소리를 앞지르면 안 되는데 낭패가 따로 없었다. 징(바람소리)은 모름지기 쇠(천둥소리)와 북(구름소리), 장구(빗소리)를 어머니가 아이를 품어 안듯 감싸줘야 했는데 관중의 뜨거운 열기를 주체하지 못하고 징 박(拍)에 힘을 과시하고 말았으니 천상 아마추어가 따로 없다.

공연 무대에 오를 때마다 관중의 분위기에 치배(연주자)들의 기분이 결코 휘둘려서는 안 된다고 수없이 다짐했음에도 기어이 항심(恒心)을 지켜내지 못한 셈이다. 그런 줄도 모르고 흥에 겨워 덩실덩실 어깨춤까지 추셨던 어르신들을 생각하면 지금도 송구스럽고 죄스럽기까지 하다.

대중 앞에 선다는 것은 갈고 닦은 기량을 발휘하는 것만이 능사가 아니다. 자기 자신의 심성까지 5감(五感)을 다 드러내는 것이기 때문에 탄탄한 내공으로 공연준비가 되어있지 않으면 금방 실수로 연결된다. 선생님께서 늘 기심(欺心)을 경계하라 하셨던 말씀을 다시 되새겨 본다.

평소 수련 중에 개인 기량 못지않게 화이부동(和而不同)을 강조하고 있음은 서로 다른 악기들이 조화를 통하여 화음을 만들어내야 하는 게 더 큰 목표이기 때문이다. 그러기 위해서는 각자가 자기 음(音)의 특색을 잘 살려야 함은 기본이지만 내 소리가 다른 음에 잘 어울리도록 상대에게 유익한 상생의 소리를 만들어냈을 때 비로소 아름다운 음악이 예술로 꽃피었다고 할 수 있다.

어찌 소리뿐이랴, 우리들의 삶에도 저마다 각기 다른 개성이 따로 있지 않은가. 하지만 다른 이에게 자기의 뜻에만 따라주기를 바란다면 그것은 이미 조화가 아니다. 상사가 부하 직원에게 심지어 부모가 자식에게까지 한 목소리만을 요구한다면 큰 악기가 작은 악기 소리를 무시한 것과 다를 게 없다.

획일화된 소리의 조합을 결코 음악이라 할 수 없듯이 일상에서도 말없는 조용한 순종은 창조적인 삶에 보탬이 되지 않는다. 상대를 인정하고 서로에게 잘 스며든 하모니야말로 누구나 꿈꾸는 아름다운 삶의 참 모습이 아닐까?

마무리 공연 중간부에서 끝내 화음을 지켜내지 못한 것

은 아직 덜 다듬어진 기량과 마음 수양의 부족함은 아니었는지 되짚어 본다. '아픈 만큼 성숙한다'는 말로 위안을 삼고 싶은 마음 한량이 없으나 결코 쉽게 용서가 되지 않는다.

보도에 따르면 요즘은 많은 젊은이들이 국악(國樂)을 배우고 익히기에 열심이라고 한다. 우리의 전통문화 예술을 시대의 요구에 따라 새로운 소리로 재현키 위해 부단히 노력하고 있는 법고창신(法古創新)의 마음들이 고맙고 대견스럽기 그지없다. 연주자나 관객이 공명으로 하나되어 여러 사람에게 신명을 나눠 주고 있는 축제 한 마당! 우리 국악의 소리! 그래서 더욱 소중한 상생(相生)의 소리다.

다불유시(多佛有詩)

일산 호수공원에 가면 '화장실박물관'이라는 색다른 곳이 있다. 농촌의 외양간 옆 뒷간 모습에서부터 새마을식 개량변소는 물론 유럽 왕실변기에 이르기까지 동서고금의 별난 기구와 시설물들이 시대별, 지역별로 잘 전시되어 있다.

화장실 하면 옛일 하나가 생각나곤 한다. 어릴 적 시골집에서 사랑채 뒷간을 허물고 새로 지을 때였다. 일을 시작하기 전에 마치 고사를 지내듯 어른들이 절을 한 다음, 주위를 돌며 막대로 헐어낼 뒷간 기둥을 큰소리가 나도록 두드리는 걸 보았다. 그곳을 터전 삼아 살고 있는 미물(微物)들에게 미리 예고(?)해주는 배려라고 했다.

그 시절 농촌에서는 용변에 재를 뿌리고 삭힌 다음 두

엄으로 밭에 내면 최상의 비료가 되었다. 그것은 농작물을 풍성하게 했고 그 먹거리들은 결국 우리에게로 다시 돌아왔다. 화장실박물관은 그런 자연스럽고 당연했던 생태 순환의 이치까지 보여 주려고 애를 많이 썼건만 구경 나온 신세대 엄마와 도시의 아이들은 이상한 물건 취급만 하고 있다.

그곳의 분위기 탓이었을까, 나오는 발걸음이 화장실로 향했다. 호수 쪽을 향하고 있는 전면이 통유리로 장식된 구조라 실내가 환했다. 볼일을 다 본 뒤에도 나는 금방 일어나지 않았다. 너무나 청결하고 주위가 편안한 데다 감미로운 음악까지 흐르고 있어 귀까지 즐거웠기 때문이다.

근심을 푸는 곳이라는 뜻의 해우소(解憂所)는 사찰에서 쓰는 변소의 또 다른 이름이다. 바삐 외출했다가 사정이 다급해졌을 때 간신히 찾아 들어간 그곳은 정말 천하의 근심을 다 풀 수 있는 유일한 곳이었다. 세월 따라 요즘은 사전적 해석의 단순했던 의미가 점점 변하여 볼일도 보면서 편안함까지 추구하는 공간으로 바뀌었다. 심지어 현대 건축은 멀기만 했던 화장실을 집 안으로 끌어들여 안방에까지 배치하는 이변을 낳았다.

옛날에는 '처갓집과 뒷간은 멀수록 좋다'고 했으나 이제는 서로 가까울수록 좋은 시대가 되었다. 전에는 뒷간을 측간(廁間), 정랑(淨廊) 혹은 북수간(北水間)이라 부르기도 했다. 중국과 일본에서는 수세소(手洗所)나 세수간(洗手間)으로 에둘러 표시해 놓은 걸 본 적도 있다.

저 유명한 선암사의 뒷간은 어느 유명 인사가 사진 예술로 승화시켜 요즘은 제법 이름난 명소가 되었다. 정월 초하룻날 변을 보면 그 떨어지는 소리가 섣달그믐에야 들렸다는 우스갯소리도 전해오고 있는 곳이다. 작년 가을 그곳에 갔을 때, 해우소 판자벽에 붙어있던 조그만 글귀 하나를 본 일이 있다. 「해우소 명상」이었던 제목 외에 희미한 기억이지만 내용 중의 일부는 이러했다.

더러움 내려놓듯 번뇌를 씻자
내 마음 시원하니 평화로다
한 점 부끄럼 없는 이 세상
삶을 살아 내는 마지막 소원

- 於, 다불유시(多佛有詩)

다불유시라면 어떤 불경(佛經)의 한 구절일까? 아니면 수행중인 도반의 법명(法名)이라도 된단 말인가? 생각할수록 궁금하여 요사채에 들러 여쭈어 보았다. 묻는 나보다 더 당황스러워 하시던 노(老)스님의 표정을 생각하면 지금도 부끄럽기 짝이 없다. 스님은 친절하게도 영문 알파벳으로 W.C라고 토까지 달아 주며 무지한 길손에게 제정신을 차리도록 깨우쳐 주었다.

만약 스님을 찾아 그런 문답을 하지 않았더라면 나는 지금도 그 글귀가 티베트 승려들의 '옴 마니 반메 훔'과 비슷한 경구인 줄 알고 많은(多) 부처(佛) 님의(有) 시(詩)심을 가슴에 새길 양으로 '다 · 불 · 유 · 시'를 염불처럼 열심히 외우며 마음 편히 지내고 있었을지 모른다.

가볍게 여긴 해석이나 어림으로 짐작할 뻔했던 편견은 결코 상식에 보탬이 되지 않는다. 그래서 돌다리도 두드리고 건너라 했었나 보다. 속단과 예단이 오류였음을 깨닫는 순간의 당혹스러움이란 누가 알까 부끄러운 일이지만 그게 약(藥)이 될 줄이야…. 가끔은 세상 사(事) 아찔할 때가 참으로 많다.

마추픽추에 올라

페루의 쿠스코를 떠난 버스는 옥수수 밭도 지나고 귀리 밭도 지나며 협곡 사이를 힘겹게 기어오른다.

종점에서 내리자 기다렸다는 듯이 민속의상을 차려 입은 서너 명의 악사들이 환영 연주를 한다. 기분도 좋고 들을 만하여 동전 한 잎을 모자에 넣어 주었다. 앵콜로 나온 음악이 귀에 설지 않다. '엘 콘도르 파사(철새는 날아가고)'였다. 우리에게도 익숙한 그 멜로디가 여행객을 상대로 한 푼을 호소하고 있다.

집 떠난 지 한 달이 넘어서일까. 엘 콘도르의 피리소리가 남의 애를 끊으려 한다. 작은 몸짓, 검은 머리, 낮은 코의 인디오들이 우리와 놀랍도록 닮아 있어 반갑기도 하고 신기하기도 하다.

마추픽추에 오르기 위해서는 다시 작은 기차 '잉카 트레일'을 타야 했다. 계곡을 흐르는 세찬 물살이 차창 너머에서 거세게 흐른다. 우르밤바 강이다. 만년설이 녹아내린 물은 진한 잉크빛이다. 기차는 지친 듯 신음소리를 내며 굽이를 돌고 또 돈다.

차창 밖 건너편 비탈길에 커다란 배낭을 메고 트레킹족들이 산을 오르고 있다. 그들이 먼저 손을 흔든다. 기차를 타고 가는데도 숨이 가쁠 만큼 잉카의 마지막 유적지는 높고 아득한 산정에 숨어 있는데 며칠이 걸리더라도 뚜벅뚜벅 걸어서 올라가겠다는 저들의 젊음이 부럽다. 아니 샘이 나려 했음이 솔직한 심정이었다. 그들을 뒤로하고 기차는 하늘에라도 닿을 듯 계속 오른다.

기차에서 내려 마지막으로 바꿔 탄 미니버스가 갈지(之)자로 위태롭게 난 산길을 힘겹게 감아 돌더니 드디어 멎는다. 고도는 이미 해발 2400미터를 넘고 있다. 차에서 내리는데 가벼운 현기증이 인다. 아뿔싸 고소병이 오면 큰일인데…. 걱정이다.

입구에서 내 고향 순이를 닮은 인디오 아가씨가 잉카제국으로 들어가는 비표라도 나누어 주듯 코카 잎 하나씩을 권한다. 껌처럼 씹으면 두통과 현기증이 달아날 것이라고 한다.

공중도시 마추픽추! 영화와 책 속에서 많이도 보아온 터라 눈을 감고도 떠올릴 수 있는 모습이었다. 그런데 예까지 올라와 두 눈으로 직접 바라보다니…. 약간의 현기증과 짜릿함이 온몸을 축 처지게 한다. 자리에 풀썩 주저앉아 돌들의 도시를 멍청히 바라보았다. 크기도 무게도 엄청난 저 거석(巨石)들을 잉카인들은 어디서 어떻게 이 산꼭대기까지 옮겨와 빈틈없이 자르고 짜 맞춰 쌓았을까? 문자, 기호, 측량, 운반, 설계, 도구 등 흔적이라곤 어디에도 없다. 인류의 문명이란 그때그때마다 필요에 따라 발전하는 것일까 너무 궁금하다.

저들은 어디서 신을 향해 경배했을까? 백성들은 어느 돌집에서 사랑하고 아이를 낳고 감자를 쪄 먹었을까. 가장 건장한 상남자를 뽑아 산채로 가슴을 열어 뜨거운 심장을 신께 제물로 바쳤던 곳은 과연 어디일까? 모두가 궁금한 것투성이다. 천천히 계단을 내려가 돌 회랑 사이를 거닐며 귀를 기울여 보았다. 노래와 기도와 영광과 비탄의 소리가 여기저기서 들리는 듯하다.

지금의 칠레 중부까지 안데스 산록을 남북으로 1만리나 다스리며 크게 번성했던 잉카제국은 황금을 찾으러온 스페인의 침략자를 신으로 오인한 나머지 허망하게 무너지고 말았다. 나라 없는 설움을 안고 와신상담 여기까지 숨어 들어온 저들이 그 후 어디로 갔는지는 아무도 모른다. 역사의 수수께끼라는 게 바로 그런 것인가 보다.

오랜 세월, 저 홀로 풍화되어 버린 마추픽추. 그 중심 태양의 돌을 축으로 하여 신전과 주거지와 농지와 묘지가 마치 피라미드를 연상케 하며 계단식으로 조화롭게 어우러져있는 이 지붕 없는 유적지는 오늘날 잉카의 후예들에게 자긍심 그 자체이며 라틴을 하나로 묶는 성지의 역할을 톡톡히 하고 있다.

'체 게바라'와 '네루다' 그리고 인디오 출신으로 이 나라 대통령에 오른 '똘레도' 등 라틴의 걸출한 인물들은 이곳을 순례한 다음 거듭난 영혼으로 산을 내려가, 자기가 꿈꾸던 삶의 패러다임을 바꾸기도 했다. 나도 그래 보고 싶다.

아리랑 사랑

그들을 만난 건 작년 가을 한글 공부시간에서였다. 배움은 귀하고 소중한 것이지만 그러나 피교육자는 피곤한 법이라고 했던가? 책상에 앉아있는 다문화가족들의 모습이 힘겨워 보였다. 낯선 나라에 와서 그 나라 말로 의사소통을 해야 한다는 건 첫 번째로 겪어야 하는 시집살이였을 것이다. 일주일에 한 번 그들을 대하는 나 또한 그리 간단치만은 않았다.

고민 끝에 내가 할 수 있는 국악을 접목시켜 좀 더 가까이 소통해 보리라 마음먹었을 때 주위에선 가당찮은 생각이라며 우려했다. 수업 중에 아리랑을 시켜보았다. 의외로 쉽게 따라 부르는 모습이 신기하기까지 했다. 아리랑을 해설하고 가사를 전달하자 우리말에 재미를 느끼는 것 같아 기뻤다.

잔잔하지만 가슴을 저미는 노래 아리랑! 저마다의 사연들이 풍자와 해학으로 어우러지면서 때로 신바람이 절로 나는 아리랑! 그 아리랑이 우리나라를 상징하는 노래가 된 것은 누구나 쉽게 익힐 수 있고 삶의 다양성에 거리낌 없이 공감을 주었기 때문일 것이다. 아리랑을 부르는 정서가 우리 민요를 넘어 지구촌 사람들의 마음까지 헤아려 주는 것 같았다. 다문화가족들이 입 모아 노래 부르고 있으면 더욱 그런 생각이 든다.

아리랑은 지방에 따라 창법과 노랫말이 조금씩 다르지만 상대방의 심금을 울리는 건 마찬가지다. 흔히 아리랑을 '한의 노래'라고 단정하는 사람도 있지만 그건 아닌 성 싶다. 그 안엔 한과 신바람의 양면성이 함께 녹아 있기 때문이다.

옛분들은 아리랑을 일정한 형식의 틀에 묶어 두지 않았다. 오랜 세월 터득한 삶의 지혜를 바탕으로 올올이 맺힌 응어리를 풀어내는 데서 아리랑의 매력을 찾으려고 애썼다. 아리랑고개를 그 상징적 의미의 정점이라고 풀이한 학자도 있다.

아리랑고개는 슬픔과 기쁨이 교차하는 영마루였던 모양

이다. "아리랑 고개로 넘어간다~"라고 능동적인 표현을 했는가 하면 "아리랑고개로 날 넘겨주게~" 하는 식의 수동형도 있다. 다문화가정을 이루고 사는 이주 여성들이 이 땅에 둥지를 튼 것도 생각해 보면 저마다의 사연들을 안고 넘어온 아리랑고개였을 것이다

"아리랑고개는 열두 나 고개/ 넘어갈 적 넘어올 적 눈물이 나네~"라는 가사처럼 일 년 열두 달에 비유하며 세월을 헤아린 대목을 제일 좋아한 사람은 조선족 엄마였다. 그는 노랫말만큼이나 어렵사리 연변에서 열두 고개를 넘어온 처지였다. 하지만 처음 만났을 때와는 달리 이제는 많이 밝아진 얼굴로 삶의 고개를 잘 넘기면서 즐거워하고 있는 모습이 다행스럽고 보기에 좋다.

밀양아리랑을 부를 땐 후렴부의 "아리 아리랑 스리 스리랑 아라리가 났네~" 하며 제법 흥을 돋울 줄도 안다. 얼마 전에 안 일이지만 이 부분은 우리나라뿐 아니라 북한과 중국 및 재일동포의 노래책에도 다양하게 수록되어 있다고 한다. 그래서일까 다국적 분위기답게 위파나(태국)도 섬소리야(캄보디아)도 이스베타(우즈베키스탄)도 케네스(필리핀)도 다들 잘 부르며 좋아한다. .

언뜻 보기에 국악 시간인가 할 만큼 노랫소리가 떠들썩

하지만 내용은 분명 국어 시간이다. 낯설기만 한 우리말과 한글이 쉽고 재미있는 아리랑의 도움을 받고 있을 뿐이다. 읽고 쓰고 노래하며 한국을 그들의 가슴속에 심어주고 있다. 뿐만 아니라 우리의 정서와 고유한 리듬이 가사에 얹혀져 한국인의 정체성까지 조금씩 전달되고 있는 것 같아 여간 기쁘지 않다.

해를 넘기면서 향토색 짙은 우리 가락의 맛을 알아차렸는지 더 재미있는 노랫말이 없느냐고 자주 묻곤 한다. 그래서 이번엔 진도아리랑을 꺼냈다. 입담이 걸쭉한 남도사람들이 가사를 두루뭉술하게 그냥 넘기지 않고 직설적으로 표현했기 때문에 감흥의 골이 훨씬 깊은 게 남도소리 특유의 멋이 아니던가?

"춥냐 덥냐 내 품 안으로 들어라/ 베개가 높고 낮거든 내 팔을 베어라~" 했더니 해설도 필요 없이 금방 알아듣고는 다음 가사가 더 궁금하다며 졸라댄다. 남녀간의 뜨거운 사랑을 투박하지만 그럴 듯한 비유로 슬쩍 감춰 담아낸 감정을 스폰지에 물 스미듯 그렇게 받아들인 모양이다. 이만하면 우리말 교육이 성공적인 게 아닌가도 싶지만 이제 도입 단계일 뿐 갈 길은 아직도 멀기만 하다.

아리랑은 한국인의 소리다. 그래서 늘 우리의 삶 속에

기쁠 때나 슬플 때나 함께한 동반자였다. 일제 강점기에는 나라 잃은 서러움을 대신해줬고 열사의 땅에서 일한 중동 근로자들에겐 향수를 달래준 노래였다. 그리고 올림픽에서는 이념의 벽을 넘어 남북단일팀의 단가(團歌) 역할도 했고, 신바람이 무엇인가를 보여주면서 불가능을 가능으로 이끌어낸 민족의 외침으로 세계를 놀라게 한 적도 있다.

요즘 우리 반에서는 글공부를 하기 전과 마칠 때 "다문화가정에 행복이 와요/ 삼천리 강산에 사랑이 넘쳐요/ 아리랑 아리랑 아라리요~" 하고 노래부터 부른다. 비록 작은 메아리이지만 다문화가족과 함께하고 있는 새로운 삶의 모습들이 21세기 한국 역사에 씨줄과 날줄로 곱게 새겨질 것을 상상해 본다. 이주민이 아닌 이웃으로 오래도록 다 같이 신명 나게 부르고 싶은 '아리랑 사랑'이다.

Naeronambul

공정, 평등, 정의 등 도덕적 우월성을 앞세우며 내로라 큰소리치면서, 뒤로는 부정을 일삼고 개인의 영달을 위해 권세를 악용했음에도 뉘우침 없이 남 탓하며 고개를 더 곧추세우는 경우를 우리는 '내로남불'이라 말하고 있다. 국어사전에도 없는 신조어지만 알만한 사람은 다 아는 유행어가 되었다. 그런데 요즘 우리 사회에 그런 사례들이 너무 만연한 탓이었을까, 미국의 '뉴욕타임스(NYT)'에서 우리말 그대로 'Naeronambul'이라 표기하며 '나는 로맨스, 너는 불륜(My romance, your adultery)이라 해석하고는, 일부정치인의 위선적 행위에 대한 한국인들의 빈정거림이라고 친절히 주석까지 달아 놓았다. 차마 얼굴이 화끈거려 시선을 돌리고 말았다. 혹여 국내라면 몰라도 국제사회에 이 무슨 해괴망측한 나라 꼴(?)이란 말인가?

그동안 세계를 향한 우리의 자랑거리가 어디 한둘이었던가? 88서울올림픽과 2002월드컵 4강의 신화, 전통문화예술 판소리와 농악의 유네스코세계문화유산 등재, 태권도 및 K-pop의 글로벌화, 경제강국 세계10위권, 한강의 기적, Samsung, LG, 현대, SK의 글로벌화, 백남준, 조수미, 손흥민, 김연아, BTS의 빛나는 활약에 이어 최근 영화 '미나리'와 '오징어 게임'의 수상 등 자부와 긍지가 이만저만 아니지 않은가?

그런데 어찌하여 정치분야만은 지구촌의 놀림거리가 되었고, 정치인들이 정치의 본분을 지킨다는 게 그리도 어려운 일이며, 도대체 권세와 특권이 무엇이길래 일반 상식(常識)의 구현이 그렇게도 불가능하단 말인가? 일부 정치권의 행태를 떠올리면 다만 오호통재(嗚呼痛哉)다.

태·정·태·세·문·단·세를 외우던 어린 시절 우리 반에서 장래 희망을 조사한 일이 있었다. 72명 중 절반이상이 '대통령'이었다. 그때 선생님께서 여러 이야기를 해주셨는데 희미하지만 다음의 일화는 지금도 기억에 남아있다. 조선개국초기 나랏일을 하는 사람이 자기 직분을 이용해 사리사욕을 차리는 것은 죄(罪) 중에 가장 나쁜 죄라며 그것은 곧 감수자도(監守自盜)라면서 어려운 한문까지 칠판에 쓰시고는, 그 벌(罰)이 최하 곤장 100대에 범법자의 오른팔에는 '국격(國格) 훼손자(者)'라는 문신을 새겨 영원히 지울 수 없게 했다고 한다. 물론 십중팔구 목이 베이는 참형(斬刑)을 면치 못했었다고 하여 여자아이들은 울음을 터뜨리기도 했다.

희미한 기억을 되살려 '감수자도' 사례를 새삼 찾아보았다. 때는 세종(1422년)시대 황해도 안악 현감(최맹온)이 조정에서 백성들에게 나눠주라고 내려보낸 농작물 파종 씨앗 312석을 빼돌린 사건이 있었다.

최맹온은 그중 200석을 한양 큰 상인에게 팔아 사익을 챙기고, 112석도 자의적으로 썼으며 조정에는 그 씨앗을 백성들에게 고루 나누어 주었다고 거짓 고(告)하고, 그걸 숨기기 위해 이듬해까지 명단 서류까지 감추었다고 한다. 현감으로서 나라살림을 잘 지켜(監守) 집행하라 했건만 자기가 사익을 챙긴(自盜) 전형적인 '감수자도'임을 알게 되었다.

세종 임금은 이 문제를 어전 회의에 부치고 여러 의견이 분분한 가운데 "고려(高麗)가 왜 망했는지 벌써 잊었느냐?" 조정 관리의 부정부패와 사리사욕이 왕조까지 멸망

케 한 사례들을 들추면서 "하늘이 무섭지 않느냐?" "민심이 천심인 걸 정녕 모른단 말이냐?" 등 격론이 오가는 동안 '발 없는 말이 천리를 간다'고 했던가, 그 일로 온 조정과 만백성들이 대오 각성하는 계기가 되었다고 쓰여 있다. 물론 최맹온이 살아남지 못했음은 두말할 나위가 없다.

과거는 미래의 거울이라 했고, 역사는 내일을 위한 대화의 창(窓)이라고도 했다. 진실로 역사의 엄중함을 안다면 사회지도층으로서 결코 우(愚)를 범해선 아니 될 텐데 어찌하여 현실은 '내로남불'이 외려 큰소리를 치고 있단 말인가? 한국정치인들의 파렴치와 몰염치의 비아냥이 여과도 없이 'Naeronambul'이라는 민낯으로 영국의 BBC와 일본의 NHK까지 퍼 나르고 있으니 이 국격(國格)의 수치(羞恥)를 어찌하면 좋을까? "Oh~no~no!"라고 하늘 향해 큰소리로 외치고 싶은 오늘, 국제사회의 조롱(taunt)이 쉽게 가라앉지 않을 것 같아 우리를 슬프게 하고 있다. 오호통재다.

여권의 기억

금요일 오후가 되면 삼삼오오 커피를 마시며 담소를 즐긴다. 이는 이곳 이민자 가운데 은퇴한 분들의 일상 중 하나다. 그날은 캐나다에 온 지 23년째라는 신(申)선생의 이야기가 귀를 쫑긋하게 했다. 20대에 외무부공무원을 시작해, 첫 여권(旅券)으로 비행기를 탄 게 1969년이라며 은근히 자랑한다. 얘기를 듣고 보니 예전의 연하늘색 수첩 모양이었던 내 것과 비슷한 것 같아 덩달아 으쓱한 기분이 들었다.

그가 한국을 떠나며 색깔과 국적이 다른 여권을 받았을 땐 눈물이 핑~돌았다고도 했다. 비록 이역만리 타국에서 살게 됐지만 통역사로 계속 일하면서 아이들 공부 잘 시켰으니 이제는 더 바랄 게 없을 것 같은데, 날이 갈수록 조국(祖國)이 왜 이렇게 그립고 소중한지 모르겠다며 아마도 지구촌 800만 해외동포들의 마음은 모두가 똑같을 거라고 호언한다.

정(鄭)시몬씨는 지난해 서울에 다녀왔는데 한국이 그토록 잘사는 게 내 일처럼 기쁜 걸 보면 아마도 겉은 캐나디언이지만 속은 코리언인 게 틀림없다면서 이게 본능적인 모국애(愛)인지? 한 인간의 노(老)화 현상인지? 하며 허허 웃는다. 그러면서도 그의 나라 걱정은 진지하다 못해 심각하기까지 했다.

'도대체 왜들 그렇게 패거리로 다투기만 한답니까?' '나라 없는 백성은 초상집 개〔犬〕만도 못하다'고 했는데 '요즘 한국 소식 접하기가 겁이 납니다' 하고는 한숨까지 내쉰다. 그는 다만 고국이 평화롭기를 바라는 재외동포일 뿐인데 무어라 대꾸할 말을 찾지 못한 내 처지가 외려 딱하고 답답했다.

다시 여권 얘기로 분위기가 바뀌고 방(方)교수는 여행초보 시절 여권을 분실하고 불법체류자로 몰렸던 일화를, 또 손(孫)회장은 크기도 색깔도 다른 묵은 여권이 일곱 개나 된다면서 옛 기억들을 떠올린다. 그러고 보니 젊은 날 고향〔錦山〕에서 여권을 발급받을 때, 서울까지 올라 다니며 소정의 반공교육 이수와 일가친척에 대한 신원조회는 물론 재정 보증까지 세우느라 1년이 넘게 걸렸던 기억이 새삼스럽다. 그런 특급 신분증(여권)이 보고 싶다며 이웃과 친구들이 구경하러 왔던 걸 생각하면 격세지감마저 든다.

그때의 대한민국여권은 가로세로 9/15cm의 연하늘색 표지로 얄팍한 수첩 모양이었고 종이의 질이나 디자인이 어설펐지만 내 생애 첫 여권이라는 감동만은 참으로 대단했다.

검정 잉크로 '통로에 아무 지장 없이 여행할 수 있도록 제반 편의와 보호를 도모하여 주심을 연로 관계당국에 요망한다'는 외무부장관의 당부 글도 쓰여있었다. 마치 외지(外地)로 자식을 떠나보내는 부모의 간절한 부탁 말씀 같았다. 여권은 국가가 나를 증명해 주는 유일한 국제 신분증이므로 해외체류 중엔 지갑에 넣어 항상 목에 걸고 다녔다.

지난날의 여권을 회상하고 있으니 젊음과 함께 가난했던 우리나라 형편도 거기 묻어있다. 정국마저 혼란스러웠던 시절 우리의 소망은 '세계무역1억불($) 달성'이 국가적 제1목표였었다. 대학생들의 6·3데모사태를 겪으며 우여곡절 끝에 한일국교정상화가 이뤄지고 먼저 교육, 문화,

예술 교류사업으로 시행된 교환학생 여권이라 남다름이 이만저만 아니었다.

비록 일회용 단수여권이지만 그 덕에 도쿄 하네다 행 KAL비행기도 타볼 수 있었고 그 후 중동지사근무는 물론 78개국 세계일주 배낭여행이라는 고난의 행군(?)도 가능했던 것은 모두가 여권을 내는 일로부터였다.

당시는 'Seoul Korea'를 모르는 사람이 많았을 때라 일본인이냐? 중국인이냐?는 물음에 "No, I am KOREAN" 하며 미소로 답했지만 속으로는 "그것도 모르냐? 이 맹추야!" 했던 기억이 꼭 어제 일만 같다.

지금과 달리 VISA가 필수였던 그 시절, 여권 속의 비자와 나라마다 디자인도 색깔도 다양하게 찍힌 입·출국 소인(stamp)을 보고 있으면 여행지와 일정은 물론 희고 검고 노란 사람들과 겪었던 에피소드까지 오버랩되면서 숱한 여정들이 주마등처럼 스친다.

지금은 구청(區廳)에서 1주일이면 발급 받을 수 있는 10년짜리 전자여권이 크기도 국제화(9/12cm)됐고 심플한 디자인에 산뜻한 청록색 표지가 너무 자랑스럽다.

구닥다리 여권이 생각날 때면 "예전처럼 훨훨~날고 싶은 마음" 간절하건만 코로나19 팬데믹으로 웬만하면 "나

다니지 않는 게 최선인 처지"가 돼버린 아쉽고 안타까운 오늘이 우리들을 우울하게 한다. 배낭 속의 여권을 바라만 보고 있어야 하는 참담한 현실! 가고 싶은데 가고, 보고픈 사람 맘껏 만날 수 있었던 어제의 소소한 일상(日常)들이 죄다 행복(幸福)이었던 걸 이제야 겨우 깨닫고 있으니, 인자 어찌하면 좋을까?

암행어사

국민(초등)학교 6학년 학예회(學藝會)에서 '춘향전' 연극을 한 적이 있다. '이(李)몽룡' 역을 맡아 열연한 덕에 상으로 공책 10권을 받은 건 자랑스러운 추억 중 하나다. 어느덧 희미해진 먼 이야기임에도 "암행어사~출두야~!" 하던 순간의 신났던 기분은 아직도 잊을 수가 없다.

그때 초라한 모습으로 고개를 숙이고 있는 춘향에게 거드름을 피우던 변(卞)사또를 오랏줄(포승)로 묶어 꿇어앉힌 다음 "네 죄를 네가 알렸다." 크게 꾸짖고 "하늘이 무섭지 않느냐?" 호통을 친 다음 "민심(民心)이 천심(天心)임을 알라!" 강당이 떠나가도록 외치면서 뚜벅뚜벅 걸어 내려가 "얘, 춘향아~고개를 들라." 했을 때의 우쭐했던 기분이 너무 좋았던 나머지, 내 어릴 적 장래 희망은 '암행어사'

였다.

지금도 그 연극에서 허리춤에 찼던 소품 '유척'과 '마패'는 기억이 또렷하다. 조선(朝鮮)중기 무렵 일부 탐관오리들은 백성에게 식량을 나눠줄 경우 정량보다 작은 됫박을 쓰고, 세(稅)곡을 받을 땐 큰 됫박으로 거둬들이는 못된 짓을 했다는데 이때 암행어사가 지방관속들이 정량(定量)의 됫박을 제대로 쓰고 있는지 감찰 실측해 보는 표준 자(尺)가 곧 '유척'이었고 '마패'란 신속한 이동을 위해 역(驛)관의 말(馬)을 이용할 수 있는 권한이 포함된 암행어사의 신분 증표로써 마패 안에 그려진 말의 숫자만큼 쓸 수 있어 요즘으로 말하면 '자유이용승마권'을 임금으로부터 하사 받은 것이다.

암행어사의 암행(暗行)은 '비밀리에 다닌다'는 뜻이고 어사(御史)는 '임금의 명(命)을 받아 지방을 돌며 관리의 잘못과 백성의 사정을 알아보는 벼슬' 이름으로, 과거급제 후 어사로 명(命) 받으면 곧 임지로 떠나 여러 고을을 두루 살펴야 하는데 늘 신분을 감추고 다녀야 했기 때문에 행색이 매우 초라하여 때로는 문전 박대에 끼니를 거르기도 했다 한다. 산천초목도 벌벌 떨었다는 "암행어사 출두야~!" 불호령으로 어명을 대신해 탐관오리를 척결할 때의 장쾌하고 위풍당당한 순간을 제외하면 그 외 평상시의 근무행태는 가히 고난도 3D(dirty, difficult, dangerous)상황이 아니었나 싶다.

잘 알려진 '어사 박(朴)문수(1691~1756)'는 영조임금 때 병조판서와 호조판서까지 지낸 분으로 어사 시절 함경도에 기근이 들어 백성들이 굶주리는 딱한 사정에 처하자 경상도 곡식 1만 섬을 실어다 구휼했다는 이야기는 너무나 유명한 일화다. 300여 년 전 교통수단이라고는 우마차(牛馬車)가 전부였던 걸 상기하면 짐작하기조차 버거운 일이 아닐 수 없다.

배곯는 백성을 연명시켰다는 사실도 대단하지만 변방의 두메산골까지 살피기 위해 백성을 하늘처럼 여기며 얼마나 많은 짚신(신발)이 닳도록 다녔을까? 그런 어사또의 행보들을 되새겨 보고 있으니 요즘의 현실이 오버랩 되어 마음을 우울케 한다.

OECD반열에서 경제규모 세계10위권을 자랑하고 있는 우리나라건만 이념의 양극화로 인한 정쟁(政爭)의 불안이 꼬리를 문다. 민생을 최우선으로 나라의 기본질서를 바로잡아 역사에 찬란한 빛을 더해준 암행어사의 일화들이 이토록 사무칠 수가 없다. 어사(御史)라는 고위공직자이었음에도 거드름을 피우거나 특권을 누리기는커녕 신분노출조차 삼갔으니 그 인품이 얼마나 고고했을까?

1812년(순조12년) 강원도 민심을 살피던 강(姜)구 어사는 망가진 갓을 쓰고 해진 도포 차림에 붓 여러 자루를 바랑(걸망)에 넣고 다녔는데, 이를 수상이 여긴 포졸에게 붙잡혀 관아로 끌려갔을 때 "소생 귀양 갔다 돌아가는 길인데 붓을 팔아 밥을 얻어먹고 있소…." 하여 겨우 곤장을 면했다고 한다.

요즈음 연이은 인재(人災)와 권력층의 비리가 거듭됨에도 책임지는 자(者) 하나 없이 "재발방지에 최선을 다하겠다."는 뒷북만 앵무새처럼 거듭되는 사이 실체(實體)는 용두사미가 돼 버리기 일쑤다.

이럴 때 '암행어사 출두'로 꼴불견의 소인배들을 말끔히 척결하여 무릇 백성(國民)들이 맘 편히 살 수 있도록 바른 정치가 펼쳐진다면 얼마나 좋을까? 잘 알려진 추사 김정희, 서수 박내겸, 다산 정약용 등 나라를 위해 오직 파사현정(破邪顯正)의 올곧음으로 청사(靑史)에 길이 빛나고 있는 분들이 암행어사 출신이라는 사실에 머리가 절로 숙여지는 어제와 오늘이다.

철없던 어린 시절 학예회에서 당돌하게 연기했던 암행

어사의 옛 추억이 날이 갈수록 새록새록 그리워지는 건 아마도 무언가 간절한 마음이 사무쳐서일지 모른다. 그래 그런지 요즘 들어 꿈결에서 마패를 허리춤에 차고 어사또 행차를 자주 떠나곤 한다. 꿈속의 배경이 어디인지는 흐릿하지만 천신만고 끝에 탐관오리를 찾아 "암행어사 출두야~!" 외치며 마패를 높이 들고 "하늘이 무섭지 않느냐?" 호통을 칠 찰나, 하필이면 그 순간 야속하게도 '꿈결'을 놓치고 만다. 그러고 나면 몹시 허전하고 안타까워 다시 잠을 청해 보지만 영~ 쉽지 않다. 애오라지 혼자만의 잠꼬대(?)일까?

도스토예프스키

모스크바를 출발한 야간 침대열차 '붉은 별' 호는 밤도 낮도 없이 8박 9일간 9,288㎞를 달려 극동 블라디보스톡에 도착하는 대륙횡단열차다. 가끔 30~50분씩 길게 정차(停車)할 때는 얼른 플랫폼에 내려가 몰려든 잡상인들로부터 시커먼 빵, 퀴퀴하고 시큼한 치즈, 찐 감자, 요구르트, 소시지, 보드카 등 먹거리를 사기도 한다. 열차 내에선 우리 기술로 러시아에서 만들었다는 '초코파이'가 주전부리를 대신해주어 얼마나 고마웠는지 모른다. 가도가도 끝이 없는 자작나무 숲을 지나며 왼쪽에서 뜬 해가 오른쪽 차창으로 기운 지 사흘 만에 드디어 '옴스크'에 닿았다. 거기서 이틀간 도스토예프스키를 만나고 다시 '붉은 별'에 올라야 블라디보스톡에서 기다리고 있을 까레이스키

'아나톨리 킴'을 만날 수 있다.

동서남북조차 헷갈렸던 시베리아 한복판, 러시아풍과 카자흐스탄풍이 혼재된 듯한 문화의 충돌이 너무 낯설었던 그곳, 1849년 12월 영하 40도의 우랄산맥을 넘어 도스토예프스키가 유배될 땐 버려진 동토의 땅에 불과했을 텐데 170여 년 전, 이 거친 광야의 수용소생활을 그는 어떻게 견뎌냈을까?

먼저 옴강(江) 하류 삼각지 요새(要塞)를 찾았다.

'Welcome to Omsk!' 오랜만의 영어 한마디가 반가웠던 그곳에 옛 감옥(監獄)터와 관리소장 관사를 개조했다는 '도스토예프스키 문학박물관'이 있었다. 9개의 방에 전시된 족쇄, 팔찌, 사진, 밥통, 흉상, 성경 등 수많은 유품들 가운데 어느 사상범 죄수(화가)가 재구성했다는 그의 작품 석판은 작가와 화가의 양자 수난이 함께 덧씌워졌던 특이한 전시물이라 지금도 기억이 생생하다.

옛 감옥은 단층 통나무집에 나무 침상과 지푸라기 베개가 전부인 가운데 정치범, 사상범, 살인강도, 사형수 등이 함께 지냈다고 한다. 바닥은 눅눅했고 벼룩과 바퀴벌레가 바글거렸으며 허구한날 시비와 드잡이, 욕설, 소동 등 고함소리가 그치지 않았다고 기록하고 있다.

금발에 푸른 눈과 다부진 몸매의 '덫에 걸린 한 마리 늑대'로 묘사되고 있는 도스토예프스키(Fyodor M Dostoevskii)는 19세기를 풍미한 러시아의 소설가, 비평가, 사상가였다. 그는 모스크바에서 태어났지만 17세에 페테르부르크의 육군공병학교로 진학했고 셰익스피어, 발자크, 호프만 등 서구 문학에 심취한 나머지 20대에 소설 『가난한 사람들』로 첫 데뷔해 러시아문단에서 '제2의 고골리'라는 칭송을 받기도 했다.

한때 젊은이들의 독서토론회에 가담했다가 국사범으로 몰려 사형선고까지 받고, 처형되기 직전 신부님에게 "삶이란 1분이 100년처럼 소중한데 너무 헛되이 살아 후회스럽다."며 고해성사를 했다고 한다. 사형대에 올라 총이 겨눠진 순간, 차르 황제의 특명으로 목숨은 부지했으나 그를 기다린 건 옴스크 유배 4년 징역과 그곳 세미팔란치스크 수비대 배치였다.

비록 유배 신세가 됐지만 그는 그날 이후 '남은 인생은 선물'이라는 새로운 각오를 다지며, 인간 이하의 참혹함에도 출소 후 이루고 싶은 문학혼(魂)을 위해 건강을 잃지 않으려 애썼다고 한다. 뿐만 아니라 형무소 안에서 장차 쓸 소설의 소재가 될 온갖 유형의 범죄자들을 관찰한 나머지 유배생활 수기인 『죽음의 집의 기록』 외 4대 명작을 저술하였다. 『죄와 벌』 『백치』 『악령』 『카라마조프의 형제』 등은 모두 범죄를 모티브로 한 작품으로 이는 옴스크 유배 생활을 참고 이겨낸 인간승리의 선물(?)이 아닐까?

그는 30대의 대부분을 시베리아에서 보내고 페테르부르크로 돌아오긴 했으나 간질, 폐기종 등 각종 질병과 돈에 시달렸다고 한다. 최후의 걸작 『카라마조프의 형제』는 병상에 누운 채 구술(口述)한 것을 재혼한 아내 '안나'가 속기(速記)로 받아쓴 작품이라 유명세를 더하고 있다. 파란만장한 그러나 지치지 않고 작품에 몰두했던 러시아 최고 작가의 고달팠던 삶은 페테르부르크 알렉산드르 네프스키사원 묘지에 고이 잠들어 있다.

시베리아횡단 철도여행 도중의 옴스크 깜짝 방문에서 도스토예프스키의 흔적을 찾아 헤맸던 48시간 문학기행! 그의 작품을 읽는 모든 이들이 '인생은 하늘이 준 가장 아름다운 선물'이라는 대목에 밑줄을 함께 그어봤음 좋겠다. 이러쿵저러쿵 소모적인 이념논쟁을 초월한 냉철함으로 '우리는 왜(?) 살며 어떻게(?) 살아야 하는지'를 도스토예프스키가 걸어온 치열한 삶의 거울에 한번쯤 비춰볼만 하지 않은가?

앗 살람 알라이 쿰

지난달, 중동지역의 테러 위험과 코로나19 팬데믹 등 신변위협에도 불구하고 로마 교황이 이라크를 방문해 이슬람 시아파지도자와 만났다고 외신이 전했다. 가톨릭과 이슬람수장의 회동은 매우 이례적인 일로, 프란체스코교황은 그 자리에서 극단주의테러조직(IS)의 폭력성 우려와 계속되고 있는 종교분쟁 등에 대한 이야기도 나눴다고 한다.

정부의 방역대책 2.5단계라는 엄중한 시기에 한 줄기 소나기 같은 해외토픽이 희미했던 아라비아의 옛 추억 하나를 불러다 준 건 내게 큰 위안이었다.

우리나라가 경제적으로 매우 어렵던 시절, 해외 개발 붐을 타고 중동 지사장으로 파견 근무를 한 적이 있다.

'앗 살람 알라이 쿰'은 업무를 위해 아랍어를 처음 배우면서 사우디아라비아 화폐단위 '리얄'과 함께 제일 먼저 익혔던 '하이~굿 모닝'에 해당하는 인사말이다.

그런데 현지에 도착해 보니 아침저녁 아무 때나 사용하고 있었다. 언제 어디서 누구와 만나도 "앗 살람 알라이 쿰" 하면 "알리 쿰 살람"으로 답하면서 악수도 하고 어깨를 감싸며 사나이들끼리 볼과 코를 비비고는 "슈크란(땡큐)"도 모자라 "꾸에이스 까띠르 하비비(베리 굿)"에 "인샬라(신의 가호를 빈다)"며 요란하게 인사를 나눈다. 아라비안들의 묘한 체취와 행위들이 낯설고 어설프긴 했지만 신기하고 재미도 있었다.

상투적인 인사말인 줄 알았던 '앗 살람 알라이 쿰'에 '당신에게 평화가 깃들기를….'이라는 숭고한 종교적 의미가 담겨있다는 걸 깨달을 즈음, 해를 넘기고 귀국했다. 벌써 오래전 일이건만 시야에서 멀어져 가던 사하라사막의 붉은 모래언덕이 오늘따라 새삼 아스라하다.

그때 통역으로 함께 일했던 '미스터 압둘'은 영국유학파 출신으로 신심(信心)이 어찌나 좋던지 하루 다섯 번씩의 메카를 향한 살레(경배)에 한치의 흔들림도 없었다. 그리고 휴일이면 모스크(寺院)에 함께 가자며 벤츠를 몰고와

극진히 영접해주곤 했다. 뿐만 아니라 이슬람의 역사와 이론은 물론 경배예절까지 알려주려고 땀을 흘리곤 했는데, 열사(熱砂)의 더위 속에서 쉽게 이해하지 못했던 내 모습이 안타까워 흘렸던 땀방울은 아니었는지 지금 생각하면 미안쩍음이 크다.

전 세계 성도 수가 10억 명이 넘을 거라는 이슬람! 그 이유가 '차별 없는 교리'에 있으며 이는 "알라신 앞에서는 만인이 평등하다."고 강조한 무함마드의 계시에 따라 사람들을 재산과 신분 지위로 나누거나 차별하지 않기 때문이라고 한다.

그랬던 이슬람의 창시자 무함마드가 세상을 떠나자 후계자문제로 교계가 분열하기 시작해 오늘날 시아파와 수니파로 나뉘게 됐는데 시아파는 무함마드의 혈통을 제1시하는 반면, 수니파는 혈통보다 능력 있는 자를 지도자로 하자는 게 차이점이라고 한다.

오늘날 수니파는 사우디아라비아를 중심으로 이집트, 예멘, 오만, 터키 등에 약85%의 교세를 차지하고 있으며 시아파는 이란과 이라크에 주로 집중돼 있다고 한다. 지리적으로 그 틈새에 끼어 혼란을 겪고 있는 나라가 곧 '시리아'로 내전(內戰)사태가 끊이지 않고 있음은 매우 유감스러운 일이다.

이슬람이란 '알라신(神)에 절대 복종한다'라는 뜻을 갖고 있다는데 무함마드가 전한 알라신의 계시를 집대성한 책 『코란』에는 종교적 의무 외에 일상생활의 규범까지 담고 있다 한다. 신자의 5대의무로 신앙고백, 기도, 순례, 금식, 자캇(Zakat)을 말하고 있는데 구제(救濟)를 뜻하는 자캇 이란 어려운 이웃을 돕자는 선행으로 보통 자기 소득의 일정액을 기부하는데 기독교의 십일조와 비슷하다고나 할까?

그런 '이슬람'의 이미지가 오늘날 우리에게 테러, 학살, IS폭력 등 부정적인 면으로 더 크게 다가와 있음은 매우 안타까운 일이다. 그들의 핵심가치가 오직 평화(平和)임은 주지의 사실이 아니던가? 가톨릭, 이슬람, 유대교, 기독교 등은 본래 같은 뿌리였음을 우리는 잘 알고 있다.

매너 만점의 비즈니스 파트너 '압둘'과 헤어지던 귀국송별파티에서 꼭 기억해 주길 바란다며 일러준 자기의 본래 이름은 '압둘 샤이카 아지즈 알 사바 아메드 알자바 쌀레' 라고 하면서 그 뜻이 '위대하신 알라신 사도의 자손'임을 힘주어 말했었다. 당시 사우디아라비아의 왕자 이름은 '이븐 압둘 아지즈 알 사우드'였고 공주의 이름은 '미샤 아지즈 알 사우드'였으니 혹여 왕족(王族) 일가는 아니었는지 감히 상상해 본다.

그 친구 지금쯤 몸담았던 '알 코바 그룹CEO'가 됐을까? 아니면 앵커가 꿈이라고 했으니 중동의KBS '알 자지라' 방송인으로 활약하고 있을까? 꿈결에서라도 혹여 만날 수 있다면 큰소리로 '앗 살람 알라이 쿰' 어깨를 감싸며 코를 비벼주고 싶다. 상상만으로도 기쁘고 즐거운, 아니 행복한 옛 추억이다.

카리브해 선(船)상에서

아내는 매일아침 아르모니아 데크에서 요가를 하고 나는 12층 갑판에 올라 조깅 트랙을 돈다. 대서양 한가운데에서 해돋이와 함께 바닷바람을 가르며 뛰어보는 맛(?)이라니?

수영복에 선글라스를 챙겨 선베드에 누워 본다. 하늘이 바다이고 바다가 하늘이다. 줄줄이 다들 왜 여기 있나 궁금했는데 과연 신선(神仙)이 따로 없다. 그리고는 풀장에서 수영하고 자쿠지에 몸을 담근다. 거품이 올라오는 따뜻한 물속에서 수평선과 얘기를 나눠본다는 건 일찍이 경험해보지 못한 행복감이다.

적도를 향하고 있는 카리브해의 따가운 햇살임에도 아

내는 뜨끈뜨끈한 물속이 오히려 시원하다며 허브와 유황을 찾아 색깔별로 즐긴다. 기분이 날아갈 듯 상쾌하다. 캐빈(침실)으로 돌아와 읽다만 책을 다 끝내고 창밖을 바라본다. 마치 산타루치아의 노랫말처럼 '내 배는 살같이 바다를 지나'고 있다.

아내는 또 먹으러 가자는데 이제는 말만 들어도 배가 부르다. 10층 레스토랑에 가면 프랑스, 이탈리아, 멕시코식 요리가 매끼마다 차례로 나오고 별도의 뷔페 코너도 있다. 갖가지 음료와 스낵, 열대과일까지 종일 차고 넘친다. 차라리 시원한 냉면 한 그릇만 못하다는 생각이 더 컸던 그때를 생각하면 지금도 아쉬움이 크다.

느끼했던 속을 피트니스에서 땀으로 씻고 일찍 쉬자는 아내를 달래어 5층 중앙홀로 내려갔다. 조금 나른했지만 이런 호사(好事)를 잠으로 대신하면 너무 억울할 것 같은 생각에서이다.

같은 나이또래인 듯 보여 쉽게 친해진 건넛방 스웨덴부부와 함께 1차 뮤지컬 쇼를 감상하고 10시부터는 트로피컬 파티에도 가봤다. 그런데 파티라는 건 아무래도 우리 구미엔 왠지 낯설기만 하다.

아래층으로 내려가 카지노에서 운(運)을 시험해 볼까? 아니면 바(Bar)에 앉아 칠레산 와인으로 목을 축이며 재즈를 감상해볼까? 즐거운 상상에 서로를 간섭하지 말자며 아내는 전자로 나는 후자로 발길을 돌렸다. 순간 이래도 되나?' 하는 생각에 아내가 간 카지노홀로 뛰었다.

마음껏 먹고 마시고 즐기는 것 외에도 매일 이어지는 삼바교실, 빙고게임, 에어로빅, 영화감상, 라인댄싱, 라카펠라, 쌍쌍파티, 핀란드식 사우나와 마사지코너에 헬스클럽까지 할 수 있는 게 너무 많은 크루즈다. 그중 특이한 건 쥬얼리와 미술품 경매였는데 알고 보니 면세가격에 이유가 숨어 있었다.

크루(승무원)들은 내 잠자리와 식사며 모든 걸 돌봐주고 있지만 신분을 떠나 함께 여행하는 친구나 다름없다. 필리핀에서 왔다는 한 여성 웨이트레스는 우리가 한국인이라고 하자 무척 반가워하며 일을 마친 뒤, 한국드라마를 DVD로 보는 게 큰 즐거움이란다. 그러고 보니 각방에 설치된 TV가 모두 'Made in Korea' 제품인 게 신기하기까지 하다.

아직은 동양인 승객이 거의 없어 그런지 모든 규칙과

기항지 안내까지 영어일색이다. 조금은 답답한 점도 있지만 그렇다고 거창한 회화실력을 필요로 하지는 않으므로 바디랭귀지에 용기(?)를 추가하면 누구나 가능한 게 크루즈임이 새삼스럽다.

여정의 하이라이트는 마지막 날 밤의 '갈라파티'였다. 전 승무원이 입구에서 정장 차림으로 영접을 하고, 승객들은 턱시도를 입은 남자에 반짝이는 드레스의 여성까지 팔짱을 끼고 입장을 한다. 그런 모습에 어리둥절해진 우리 처지를 눈치 챈 금테 모자의 선장이 다가와 "Excuse me, No problem" 하며 친절을 베푼다. 넥타이 정장에 구두를 안 신었다고 주눅까지 들 필요는 없었는데 지레 겁을 먹고 입구에서 서성거렸던 촌스러움이라니…, 이다음 다시 올 때는 한복차림으로 Korea의 우아함을 마음껏 뽐내 봐야지 굳게 다짐했다.

뉴욕을 떠나 마이애미 경유 바하마, 도미니카, 푸에르토리코, 자메이카, 칸쿤을 돌아본 여정도 어느새 끝이 보이고 있다. 이제 만 하루 반만 더 가면 뉴욕에 닿고 마중 나와 있을 아이들과 다시 만난다. 큰아들 네가 서울을 떠나 뉴욕에서 산 지 어언 3년. 오랜만에 방문한 우리에게

기념이라며 안겨진 크루즈 여행권! 너무나 뜻밖의 선물이라 기쁨보다 두려움으로 배에 올랐던 게 엊그제 같은데 벌써 돌아가고 있다. 아들 네 집에 가 김치랑 밥 먹을 생각을 하니 너무 좋다는 아내의 말에 왜 연민의 정이 묻어났을까?

차멀미가 금메달인 아내가 시험 여행(?)을 무사히 통과했으니 어디든 동행하겠다며 의욕을 보이고 있어 힘이 솟는다. 지중해, 카나리제도, 피요르드, 알래스카까지 내친 김에 다 돌아보고 싶다. 그동안 값비싼 호화유람선이라는 선입견 때문에 우리와는 전혀 상관이 없을 줄 알았던 크루즈 여행! 그러나 한번쯤은 꼭 해봐야 할 체험여행이 아닌가 생각해 본다.

그것은 단지 최상급호텔을 바다에 띄워 놓고 온갖 호사를 누리며 최고의 관광지를 돌아본다는 것만은 결코 아니다. 선상(船上)이라는 한정된 공간에서 생활해야 하는 낯선 이방인들과의 세상 사는 이야기들. 그리고 미지의 세계에서 겪어야 하는 예상치 못한 많은 일들이 다양한 생각을 쉼 없이 일깨워 줌은 물론 의외로 생기발랄하게 변한 아내의 또 다른 모습은 이제까지 살아오면서 전혀 발견하지 못했던 새로운 면으로 신선한 충격이 아닐 수 없다.

배가 바다 가운데로 흐른다. 로빈슨 크루소가 생각났던 자메이카도 이제 안녕인가 보다. 끝 간 데 없는 바다 저 편엔 또 얼마나 많은 사연과 더 다양한 세상이 기다리고 있을까. 삶의 메시지라도 전하려는 듯 잔잔한 파도가 쉴 새 없이 밀려온다. 카리브의 섬들이 하늘과 맞닿은 수평선에 깨알처럼 아스라이 멀어져 간다.

풍류

말만 들어도 기분 좋은 말 풍류(風流)다. 그런데 낱말 속의 '바람 風'자가 가끔씩 향기롭지 못하게 비유되고 있어 안타까울 때가 많다. 적어도 예전의 조선시대엔 양반 중에서도 상당한 수준이 아니면 풍류를 입에 담지도 즐기지도 못했을 꽤나 품격 있는 정서 중 하나였을 텐데 아쉽다.

본디 풍류란 선비들이 마음을 달래며 허물없이 시(詩) 서(書) 화(畵)를 담론 삼아 정을 나눠왔던 데서 시원하고 있다. 땅 위의 것은 대개가 고정돼 있어 그 구별이 쉽지만 하늘의 바람은 고정되어 있지 않고 큰 한 통속이라 풍류의 어원을 하늘 바람이라는 뜻의 풍(風)과 흐름을 의미하는 류(流)에서 얻었으니 오늘날 세속에서 말썽이나 부리고 있는 그런 류의 바람과는 근본이 다르다.

오래전부터 조상님들은 정신적 고향을 하늘에 두었기에 '하늘에서 왔다가 하늘로 돌아가는 인생'이라 여기며 살아왔다. 그 하늘 바람에 바탕하고 있는 풍류가 우리네 삶에 젖어 들면서 희로애락을 함께해 온 것은 지극히 자연스러운 일이었을 것이다. 한마음으로 사는 사람은 하늘마음으로 사는 사람이므로 그가 곧 하늘인 셈이다. 바로 인내천(人乃天) 사상의 근본이 거기서 시원했지 싶다.

그런데 안타깝고 부끄럽게도 우리 근대사에 일제강점기를 견뎌야 했던 암흑기의 어두운 그림자가 가끔씩 걸림돌로 남아 마음을 아프게 한다. 왜냐하면 을사늑약 이후 일부 몰지각한 자들의 자학적인 식민사관으로 조선선비들의 올곧은 풍류와 미풍양속을 폄훼(貶毁)하고 왜곡(歪曲)시킨 나머지 민족의 정체성마저 말살시키려 했던 아찔함이 있었기 때문이다.

하마터면 침략자들에 의해 산산이 부서질 뻔했던 한마음정신의 풍류였기에 돌이켜 볼수록 천만다행이라는 생각을 떨칠 수가 없다. 이제는 정신 바짝 차리고 미래지향적인 한(恨)의 회복에 모두가 마음을 하나로 모아볼 일이다. 그런 마음들이 무르익는 날 세계화에 앞장서고 있는 '한류' 또한 신명이 두 배가 될 것은 물론 더 큰 빛으로 지구촌

곳곳을 밝혀 나갈 것을 믿어 의심치 않는다.

진정한 의미의 한은 보복이 아니라 오히려 그런 것들을 뛰어 넘고자 하는 초월적 에너지이기 때문이다.

한(恨)을 미래지향적인 에너지로 표현하고 싶을 때 우리는 남녀노소 구분 없이 하나 되어 신바람을 일으킨다. 지구촌 만인의 축제였던 88올림픽과 월드컵경기 및 2018 평창올림픽을 치르면서 충분히 경험도 했다. 우리 스스로도 놀라고 세계인을 더욱 경이롭게 만들었던 당시의 상황을 외신들은 다투어 '한국인의 멋'이라고 보도하면서 찬사를 아끼지 않았다.

바로 풍류의 진면목을 유감없이 보여주었고 지구촌의 이웃들은 이를 제대로 알아본 것이다. 우리가 한을 풀어낼 때 너와 나의 '감명'은 하늘을 찌르고 '공명'은 무아의 경지에 이르며 우리 모두는 '신명'으로 하나가 된다.

풍류를 아는 사람은 전통 민속놀이 중 줄다리기의 역설을 안다. 힘센 쪽은 잡아당긴 만큼 뒤로 물러서며 이겼다 좋아하지만 상대는 비록 끌려갔지만 그만큼 저들의 영토를 차지하면서 앞으로 나아간다. 곰곰이 생각할수록 오묘(奧妙)하기 그지없으며 우리네 삶의 궤를 짚어보게 하는 대목이다.

풍류가 추구하고 있는 궁극의 목적은 오직 단순한 멋이 아니라 상생의 조화에 있다는데 장삼이사인 우리가 심오한 그 깊이를 알길 없어 부끄러울 뿐이다.

풍류는 땅 위의 모든 것을 싸안고 있어 포용적이고 하늘마음이라 고고함이며 나아가 지상에 국한돼 있지 않으므로 초월적이다. 유구한 역사와 올곧은 선비정신으로 평화롭고 행복한 국운(國運)을 바라 맞이하는 지혜(智慧)와 용기(勇氣)가 그 어느 때보다 절실한 오늘이다. 시절이 하수상해서일까? 가슴 저미도록 품어 안고 싶은 풍류(風流)가 그립다.

희망봉

새날이 다시 밝았다. 아프리카대륙을 북에서 남으로 훑어 내려온 맨 끝 자락 남아프리카공화국 케이프타운. 마치 식탁에 하얀 식탁보를 씌워 놓은 듯 머리에 아침 운무를 이고 우뚝 솟은 저 암산(岩山)! 책에서 많이 보았던 '테이블마운틴'이다. 워터프론트 항구엔 희망봉으로 가려는 사람과 다녀온 이들로 벌써 왁자지껄하다.

거기서 멀지 않아 보이는 언덕배기에 여러 색깔로 알록달록한 집들이 유난스럽다. 개발초기에 이주해온 부두노동자들의 집단촌 보캅(bokaap)마을이라는데 주소가 없던 시절 자기집을 알아보기 위해 서로 다른 페인트를 칠했다는 애달픈 사연의 역사 현장. 얼른 가서 둘러볼 일이다.

시내에서 바로 솟아오른 해발 1,085미터의 수직 바위

덩이 테이블마운틴 정상으로 대형케이블카가 세계의 사람들을 계속 퍼 올리고 있다. 축구장 열 개 넓이라는 평평한 산정(山頂)에서 내려다본 다운타운이 발아래 밟히고, 그 바로 앞 푸른 바다에 유네스코 세계문화유산으로 등재된 '로벤 섬'이 길게 한 점 떠있다. 최초의 흑인 대통령으로 선출된 넬슨 만델라가 27년간이나 옥살이를 했던 인고의 현장, 미국 오바마 대통령도 직접 찾았었다는 자유의 상징 그 섬이 거기 있었다.

테이블마운틴 정상을 한 바퀴 돌아보는데 약2시간, 그랜드 캐니언을 닮은 협곡과 기암절벽들도 한몫하고 있다. 건너편 바다를 향해 길게 누운 라이언헤드의 사자상이 예사롭지 않다.

테이블마운틴과 라이언헤드가 정겹게 감싸고 있어 그림처럼 아름다운 다운타운엔 인간의 자유와 평등을 진심으로 위했던 4인의 별들도 함께하고 있다. 백인으로서 인종차별에 맞서 싸운 '프레데릭 데 클레르크' 전 대통령, 세계인권운동가 '데지먼드 투투' 전 대주교, 흑인해방운동지도자 '앨버트 루툴리' 그리고 '넬슨 만델라' 네 분의 노벨평화상 수상자 동상에 고개 숙여 꽃 한 송이를 놓았다.

한반도의 136배 만한 땅덩이에 8백여 종족, 10억의 인구가 54개 독립국으로 나뉘어 사는 아프리카대륙. 그곳을 우리는 어떻게 인식하고 있을까? 혹여 대부분이 서구에서 만들어진 이미지로 선입견을 갖고 있는 건 아닌지 궁금하다.

메마른 황무지, 가난, 기근, 무지, 질병, 내전, 마사이, 부시맨, 주술, 동물의 왕국 등등 그러나 아프리카를 바로 알기 위해선 이같은 고정관념의 이미지부터 거두어야 할 때다. 오래전부터 학계에서는 이곳을 인류의 발상지이자 인류가 진화해온 터전이며 인류 역사의 발자취 그 자체라고 주장해 오고 있다. 그렇다면 남의 나라이야기가 아닌 바로 우리 자신의 뿌리와도 결코 무관할 수 없다는 얘기가 아닌가?

드디어 그 대륙의 땅끝 희망봉으로 가는 길. 중간에 물개도 만나고 뜬금없이 펭귄도 보았다. 간간이 나타나는 모래 언덕과 드넓은 초원에선 이름 모를 야생 동물들이 물끄러미 쳐다본다. 그렇게 3시간 반쯤 달렸을까? 나무들이 바람 부는 방향으로 몸을 누인 등성이 너머로 하얀 등대가 보이고 오른쪽 바닷가에 뭉툭한 봉우리 하나가 시야에 들어왔다. 내심 '아~저곳이 희망봉이구나!' 하기에 충분할 만했다. 더러는 그곳을 희망봉인 줄 알고 급히 사진만 찍고 돌아가는 관광객도 있다는데 그럴 수도 있겠구나 싶을 만큼 사실적(?)인 모습이었다.

거기서 한참을 또 달려 케이프 포인트에 도착, 미니 협궤차로 갈아타고 더 오르니 그제야 사방에 거칠 것이 없는 정상이다. 그곳 한가운데의 세계를 향한 이정표는 런던부터 시작해 지구를 360도 한 바퀴 돌고 있다. 그런데 아시아 존의 베이징과 도쿄 사이에 있어야 할 'SEOUL'은 보이지 않았다.

지금쯤 추가설치가 돼있기를 바래 보지만 두고두고 아쉽고 섭섭했던 기억 중 하나다.

얼굴이 까무잡잡한 안내자가 바다를 가리키며 우측 발가락 쪽으로 길게 뻗은 저 아래 삐죽 솟은 곶(串)이 바로 'Cape of Good Hope'라고 설명한다. 굉장히 크고 우람한 봉우리이겠지 하고 꿈에서조차 여러 번 그려봤던 희망봉이었는데 실제는 그보다 작고 밋밋했다.

하지만 어떠랴, 아니 그러한들 또 어쩌랴. 아프리카 대륙의 마지막 땅끝까지 씩씩하게 와, 떡~하니 버티고 서있지 않은가! 거기서 한눈으로 쓸어본 왼편의 인도양과 오른쪽의 대서양 그리고 전면 수평선 너머 남극해까지… 아~ 뜨거운 기운이 온몸을 휘감으며 지구촌을 향해 백두산에서 첫

발을 내디디던 10년 전의 기억들이 파노라마를 친다. 그간의 고마웠던 동반자 '해지고 낡은 배낭'을 물끄러미 쳐다보았다. 그걸 메고 온갖 역경 다 헤치며 동무 삼아 걸어온 오대양육대주 세계일주 기나긴 여정(旅程)….

이제 땅을 밟으며 더 이상 걸어 나갈 곳이 없다. 더는 길이 없다. 원점으로 돌아가자. 내 집으로 가자. 가서 가족과 이웃과 친구를 만나고 희망봉(希望峯)을 오르며 다짐했던 희망들을 서리서리 풀어 온 누리에 고루 나누자.

작가 연보

1945. 1	충남 금산(錦山) 출생
1968~1969	동경도립대학 한일교환학생 제1기 수료
1977~1978	사우디아라비아 다란 알코바 지사장
1980~1999	UIAA (사)한국산악회 CAC한국이사
1983. 6	대한민국직장새마을훈장 근면장 서훈
1991~현재	Unicef한국위원회 평생회원
1993. 8	한중수교기념 백두산 탐사 원정대장
1994~현재	법정스님 '맑고 향기롭게' 길상사 길동무
1995~1999	카톨릭성지대학 부학장
2000~현재	(사)안중근의사숭모회 평생회원
2001~2004	RI.3650 마포로터리클럽 회장
2008~현재	(사)문화유산국민신탁운동 홍보대사
2009. 9	서울평생교육박람회 국악경연 대상 수상
2010. 7	베를린한인회 '한국의 날' 축하사절단장

2010. 10　자랑스러운 '서울시민상' 수상
2012~현재　서울특별시교육청 재능기부 강사
2015~2016　세종대학교 CEO지도자과정 객원교수
2019~현재　밴쿠버 (사)한국전통문화예술원 고문

문단 경력

1998. 10　RI.3650 Rotary Win Win 백일장 장원
2007. 9　『에세이21』 등단
2009~2012　산우수필동호회 회장
2010~2019　(사)산림문학회 이사 & 『산림문학』 편집위원
2013~2014　산영수필문학회 부회장
2016. 5　한국대표기행문학100선 04호
2018. 11　『문학세계』 제12회 창작수필문학상 수상
2021. 1　제7회 New Forest Korea 산림문학상 수상

저서

1969　에세이 『가깝고도 먼 나라 일본』(숭문)
1979　에세이 : 『일제히 시작하는 땅 ARABIA』(민우)
1995　여행기 : 『5부자 라이브 인 USA』(길벗)
1996　남방기 : 『중국 그리고 실크로드』(문예)
1997　여행기 : 『가서 본 EUROPE』(혜인)

1998　체험기 『시베리아철도 횡단 9288킬로』(혜인)

1999　여행기 『혼돈, 사람과 신들의 나라 인도』(수문)

2000　등반기 『에베레스트등정 절반의 성공』(아세아)

2002　여행기 『안데스 넘어 아마존으로』(수문)

2009　수필집 『길은 사람 따라 흐른다』(선우)

2010　여행기 『영원 하라 아프리카』(예원)

2014　수필집 『이름이 뭐길래』(에세이문학출판부)

2016　에세이 『세계일주 시작이 반』(신아)

2020　수필집 『미타쿠예 오야신』(예솔)

2022　수필선집 『내 생애 최고의 날』(소소리)

*공저　『목요일 아침』 『동행』 『존재의 향기』 外(선우)